Òrìṣà Ebó

A Importância de Ter Aṣé

Marcelo Alban

Òrìṣà Ebó
A Importância de Ter Aṣé

© 2019, Madras Editora Ltda.

Editor:
Wagner Veneziani Costa

Produção e Capa:
Equipe Técnica Madras

Revisão:
Maria Cristina Scomparini
Arlete Genari
Neuza Rosa

Dados Internacionais de Catalogação na Publicação (CIP)(Câmara Brasileira do Livro, SP, Brasil)

Alban, Marcelo
Òrìṣà Ebó: a importância de ter asé/Marcelo Alban. – São Paulo: Madras, 2019.
Bibliografia.

ISBN 978-85-370-1174-4

1. Candomblé (Culto) – Rituais 2. Medicina – Aspectos religiosos 3. Medicina mágica e mística
4. Orixás 5. Ritos e cerimônias 6. Umbanda (Culto)
I. Título.

19-23634   CDD-299.6

Índices para catálogo sistemático:
1. Religiões de origem africana 299.6
Cibele Maria Dias – Bibliotecária – CRB-8/9427

É proibida a reprOdúção total ou parcial desta obra, de qualquer forma ou por qualquer meio eletrônico, mecânico, inclusive por meio de processos xerográficos, incluindo ainda o uso da internet, sem a permissão expressa da Madras Editora, na pessoa de seu editor (Lei nº 9.610, de 19/2/1998).

Todos os direitos desta edição reservados pela

MADRAS EDITORA LTDA.
Rua Paulo Gonçalves, 88 – Santana
CEP: 02403-020 – São Paulo/SP
Caixa Postal: 12183 – CEP: 02013-970
Tel.: (11) 2281-5555 – Fax: (11) 2959-3090
www.madras.com.br

Índice

Prefácio 9

Palavras do Autor 11

Introdução 13

Capítulo 1

    Parte I – O Que é uma Medicina? 15

        Saudação de Esú 16

    Parte II – O Que é Medicina Africana? 17

    Parte III – Ebó ou Trabalho Espiritual 19

        O Candomblé 19

        Òrí Àasá 19

        A proposta do Ebó 21

        Configuração do Odú Ogbe Meji 23

Capítulo 2

    Parte I – Diferentes Tipos de Medicina 25

Capítulo 3

    Parte I – Quem São as Pessoas que Podem Ajudar na Medicina 29

        Títulos hierárquicos 29

Entenda alguns cargos ou títulos dentro da casa de aṣé 29

Capítulo 4

Os Números 7 e 9 na Medicina Africana 35

Parte I – O Odú Òdí Corresponde ao número 7 36

Parte II – O Odú Òsá Corresponde ao número 9 39

Capítulo 5

Parte I – A Força da Palavra na Medicina Africana 43

Parte II – Como se Preparar para Realizar a Medicina 46

O Ìyáwó 49

Àsesé 51

Parte III – Como Preparar o Chão 54

Parte IV – Locais Sagrados e Pontos de Força 57

Pontos de força 57

Capítulo 6

Parte I – Cantigas e Rezas 61

Capítulo 7

Parte I – O Jogo de Cebola (Alubasá) 67

Parte II – As Comidas na Medicina dos Òrìṣà 69

Capítulo 8

Parte I – Influência de Esú na Medicina 75

Esú, o Senhor do Ebó 75

Esú 76

Esú o jiré ó? 78

Esú, o mercador de Filá 78

Esú, òtá Òrìṣà.. 80

Capítulo 9
Parte I – Firmeza ou Assentamento 81

Parte II – A influência de Pombagira na Medicina 85

    Invocação a Maria Padilha... 89

    Medicina a Maria Molambo para abertura de caminhos...... 89

    Invocação a Maria Molambo.. 90

Parte III – Como Fazer a Firmeza de Pombagira 91

Capítulo 10
Parte I – A Comida de Òrìṣà... 101

Capítulo 11
Parte I – Encantarias Gerais 101

    Medicina para abertura de caminhos....................................... 102

    Medicina para Lonan (Senhor dos Caminhos) 102

    Medicina para clarear situações difíceis................................. 103

    Medicina com Esú para abertura de caminhos 103

    Medicina para abrir os caminhos financeiros 106

    Medicina para abrir caminhos com Ògún 106

    Medicina para abrir caminhos Ògún....................................... 106

    Medicina para abrir caminhos e segurança 107

    Medicina para abrir caminhos 107

    Medicina para o amor... 108

    Medicina para prosperidade financeira.................................. 111

    Medicina com Òja para vencer as dificuldades 112

    Medicina com Òsúnmaré para ter riqueza.............................. 112

Medicina para trazer sorte e riqueza para dentro de casa..113

Medicina para saúde 115

Medicina para família 118

Medicina para imóveis..121

Medicina para trabalho e comércio............................123

Medicina dos Òrìṣà no Odú 127

Conclusão..137

Sobre o Autor 141

Glossário..147

Bibliografia 159

Prefácio

Foi com grande honra e satisfação que recebi o convite do autor, o Àwó Marcelo Alban, para prefaciar a presente obra. Trata este trabalho da prática da cura dos males espirituais e carnais pela antiga Medicina Africana, ou seja, pela arte de tratamento do espírito e do corpo pela rara e antiquíssima prática de rituais e cerimônias de notável saber pelos antigos sábios e sacerdotes africanos, máxime, por seus métodos e crenças.

Destaca o autor Baba Marcelo a importância do entendimento e da aprendizagem do sistema oracular de Òrúnmilá/Ifá, de suas ferramentas para suprir as necessidades humanas, bem como dar ênfase especial à teoria e à prática do uso dos Awọn Ebó, ensinando como proceder e por que é utilizado, assim como esclarecendo de que modo e quais os materiais necessários para promovê-lo, de forma clara e espetacular, explicando também partes fundamentais dos Odú e seus Itán.

Muito se fala sobre religiões afrodescendentes, por vezes pouco esclarecidas com sabedoria e competência, como faz o autor nesta dignificante obra, destacando, ainda, segredos milenares e ensinamentos que não se encontram com facilidade.

Acredito que este trabalho se tornará fonte de pesquisa indispensável às pessoas em geral, em especial aos adeptos de Ifá, Òrìṣà e da Umbanda, por discorrer sobre temas pouco divulgados.

Felicitamos aqui o Babalawo Marcelo Alban, na certeza de que o aprendizado é cultura indiscutível.

Nelson Pires Filho

Autor de várias obras literárias, entre elas *Jogo de Búzios e o Culto a Ifá*

Presidente da Federação E. Guardiões da Luz

Awo Ifá – Ymi Tina

www.guardioesdaluz.com.br

Palavras do Autor

Em todos estes anos de aprendizados, percebi a necessidade de aprimorar e enriquecer a base para pesquisas e estudos sobre a espiritualidade e seus contextos, pois a pobreza de conhecimentos em relação a trabalhos espirituais, como Ebó, magias, encantamentos entre outros, é muito grande e não temos o devido apoio para esclarecer tais assuntos. Muitos praticantes esqueceram de entender a finalidade de Ebó (magia africana); portanto, quando falamos em Ebó, logo vem à cabeça a imagem de um grande despacho feito em alguidares com bichos e sangues, parecendo um verdadeiro abate. Na verdade, isso não faz parte da cultura africana, mas sim de pessoas sem conhecimento de causa.

Neste livro vou trazer a informação de uma forma mais simples e ampla, uma vez que a maior dificuldade que encontrei para escrever sobre este assunto foram a falta de apoio dos próprios adeptos da religião e a péssima aceitação e interesse em divulgar e ensinar de forma coerente aos demais membros como fazer os trabalhos espirituais, o que se chama de Medicina Africana. No final, há um glossário com os termos em yorubá, para facilitar o entendimento do leitor que desconhece ou não domina esse idioma.

De acordo com alguns sociólogos, a cultura africana é antiga e trabalha com elementos da natureza tais como animais mortos, folhas secas, favas, sementes e também minerais, formando um conjunto de trabalhos energéticos chamado Ebó, e não um despacho que ofende aos Deuses e entidades que aqui passam a todo o momento para receber e manipular essas energias a nosso favor.

Este livro trará um norte a você praticante do Candomblé, da Umbanda e para todos aqueles que desejam adquirir o conhecimento, pois não é segredo o uso das matérias e dos elementos de Ebó, mas sim o seu ritual dentro do aṣé.

É com toda honestidade que ofereço a vocês um conteúdo de apoio e desenvolvimento, mesmo se tratando de um assunto tão particular, em que cada casa em sua particularidade adota sistemas e normas diferenciadas.

Aṣé em seus caminhos!

Marcelo Alban

Introdução

Por muito tempo, a Medicina Africana ficou obscura e sem sentido para o entendimento dos adeptos da religião. Após séculos de descaso e medo do desconhecido em relação às técnicas de cura africana, pesquisadores começaram a entender e reconhecer a eficácia dos tratamentos desenvolvidos.

As práticas e experiências dessa medicina são sabedorias passadas de geração em geração. Embora poucos saibam, tudo isso começou com nossos antepassados, que ensinavam recursos medicinais, preparação de receitas caseiras voltadas para curas simples e até mesmo complicadas. Muitas vezes recebiam informações das próprias entidades, que no auge do atendimento ensinavam remédios utilizados em sua época, trazendo a eficácia necessária para a solução do problema.

Na realidade, a entidade tinha uma visão holística totalmente diferenciada e a favor do necessitado, e isso ajudou para que, ao decorrer dos tempos, muitas coisas fossem se transformando e chegando nessa medicina tão pouco conhecida pelas pessoas frequentadoras da religião como um todo.

Neste livro vamos trabalhar com Ebó (Medicina Africana), para diversas finalidades. Para quem não sabe, praticamos constantemente esses rituais e temos a oportunidade de retorno positivo em pouco tempo.

Tudo depende de um caminho a seguir, uma fé a explorar e de quem está por trás dessa medicina, desse conhecimento amplo e vantajoso.

Não significa que estamos tirando proveito da situação, mas sim colocando em prática o que muitas pessoas deveriam praticar e, por medo ou insegurança, não o fazem.

Vamos conhecer um pouco dessa leitura agradável e que irá favorecer a todos que aqui compartilharem dessa informação tão contagiosa e próspera.

Tenho certeza de que as informações aqui passadas serão de resultados positivos no dia a dia de cada leitor.

Uma ótima leitura a todos!

Capítulo 1

Parte I – O Que é uma Medicina?

Medicina são rituais que visam corrigir várias deficiências na vida de um ser humano (saúde, amor, prosperidade, trabalho profissional, equilíbrio, harmonia familiar, etc.) A composição de cada medicina, que chamamos de Ebó, depende da sua finalidade e de seus componentes, desde bebidas, frutas, folhas, velas, adornos, alimentos secos, mel, óleo de palma, louças, artefatos de barro, ágata, até outros itens que se fazem necessários para cada ritual.

Como vimos, toda medicina corrige algum erro da nossa vida, por isso é importante preparar o local, e quem vai fazer a medicina tem de estar bem para passar a positividade a quem vai receber.

Procure estar bem financeiramente antes de realizar qualquer medicina. Há uma tendência de a vida de quem faz esfriar em vários aspectos, inclusive no financeiro. Nunca demandamos contra outra pessoa sem estarmos convictos de que a pessoa visada de fato mereça. Lembre-se da Lei do Retorno! Por este motivo vamos explicar como devemos fazer antes de qualquer medicina. Além das roupas próprias, temos o cuidado com o lado espiritual.

Vamos aprender a firmar seu anjo de guarda:

Cozinhe uma canjica branca e deixe ao dente; em seguida, escorra e reserve a água. Escreva seu nome dez vezes em um papel branco e coloque dentro de uma tigela branca com a canjica. Em seguida, coloque uma vela de sete dias branca ao lado. Após o término da vela, despache somente a canjica aos pés de uma árvore frondosa.

Estoure pipoca para Ọbalúwayè no azeite de dendê; em seguida, coloque em um cesto enfeitado com algumas tiras de coco seco, acenda três velas brancas para o Ọbalúwayè e coloque uma quartinha de barro sem asa, com vinho licoroso, para Ọbalúwayè. Após esse ritual, você deverá ir até o portão ou um local reservado fora de casa para fazer o agrado para Eṣú:

Coloque uma quartinha de barro sem asa com bebida(aguardente), uma moeda, um charuto, uma vela preta, uma vela vermelha e uma vela branca, e faça a saudação a Eṣú.

Saudação de Eṣú
Laroyé Esú, Esú mojubá, Kò Bá Laroyé

Se tiver recebido carga negativa, procure uma encruzilhada aberta, passe um frango branco em seu corpo, solte-o com vida e diga que está oferecendo a Esú para que o limpe e proteja. Faça isso em uma segunda-feira à noite.

Observações:

Não faça nunca uma medicina se estiver com raiva ou se brigou com alguém, apenas vise à justiça e ao bem-estar do consulente, dando força ao trabalho.

Não ingira bebida alcoólica e evite sexo antes da medicina. Também não se deve ir a lugares de carga negativa (hospital, cemitério, bar, etc.).

Não se deve usar a medicina para fazer o mal a quem não merece, muito menos envolva crianças nestes assuntos. Esse é um ato imperdoável. Quando despachamos alguma medicina, procuramos fazê-lo o mais distante possível de qualquer habitação e longe de crianças.

Organize-se antes de fazer qualquer medicina e sempre use produtos de boa qualidade; tenha sempre tudo o que for necessário em mãos para que a medicina não seja feita pela metade ou com material inferior.

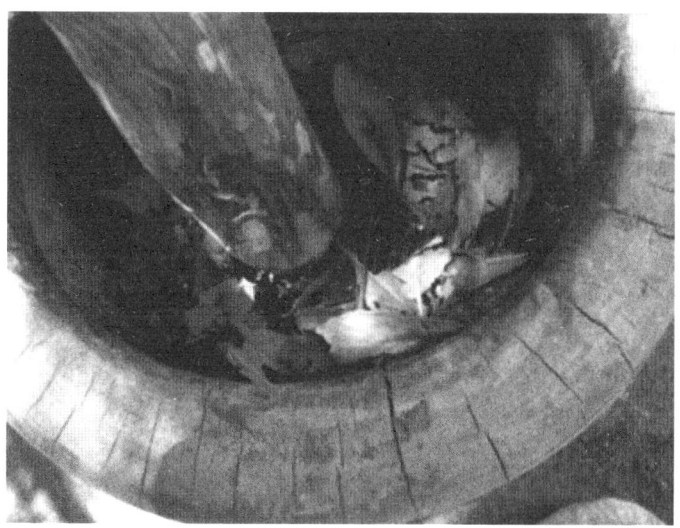

Parte II – O Que é Medicina Africana?

A Medicina Africana não só tem valor agregado pelo uso das plantas para a cura, como também de magias que vêm do Àyé (Terra), sobretudo pela combinação que faz com outras terapias e com os conhecimentos de variadas fórmulas utilizando-se de sementes, plantas, bagas, raízes, cascas e ervas.

Quem nunca ouviu falar de uma receita mágica para uma dor de barriga? Isso é milenar, e as pessoas curavam-se com chás e outras coisas tão simples que é de desacreditar. Assim devemos aproveitar essas sabedorias, que tanto nos ajudaram e continuam nos ajudando até hoje.

Uma pomada, um chá ou um banho eram usados para tratar problemas de saúde, desde o mais simples até o mais delicado. Já na África, o segredo da medicina tradicional continuou a passar de geração em geração, por milhões de anos, até chegar aos dias atuais, e continua a resolver os problemas, surpreendendo os pesquisadores com sua eficácia, os quais apostam cada vez mais no seu uso e continuação de suas pesquisas. Apesar de fazer parte da vida de milhares de pessoas, a Medicina Africana tradicional ainda é conhecida e utilizada de maneira inadequada, por isso é pouco documentada por seus curandeiros.

Nas últimas décadas, milhares de pessoas na África se deslocaram do campo para as cidades, trazendo consigo alguns desses segredos da Medicina Africana. Nas vilas, as grandes distâncias percorridas para se chegar a um posto de saúde tornavam a atividade dos curandeiros o único recurso das famílias atingidas para as doenças. O fator cultural também pesava na escolha do tratamento que seria seguido.

Muitas pessoas creem mais na eficácia de uma medicina tradicional já conhecida desde seus avós e bisavós e transmitida de geração em geração, e na maioria dos casos com comprovação de cura, do que nos avanços da medicina e dos números crescentes de médicos em seus países. O espaço da medicina tradicional na sociedade não foi abalado, muito pelo contrário, na maior parte dos países, em especial nas zonas rurais, as pessoas tendem a recorrer em primeiro lugar à medicina tradicional e só depois, se não conseguirem realmente êxito, vão a um hospital, pois faz parte de suas crendices.

Não significa que as pessoas não devam procurar ajuda médica, isto é o recomendado: devemos sempre procurar auxílio de um especialista. Porque a medicina visa agregar valores, os quais estão relacionados a um culto milenar passado oralmente de pai para filho, constituindo um grande segredo que podemos chamar de Medicina Africana, popularmente conhecida como Ebó, um dos maiores Òrìṣà de Òrúnmìlá.

Veremos no próximo capítulo mais informações que poderão elucidar você, leitor, em relação ao Ebó.

Parte III – Ebó ou Trabalho Espiritual

Por meio da medicina africana conhecida como Ebó, podemos equilibrar o campo astral de uma pessoa para que as coisas positivas venham a seu favor. Podemos utilizar também para a limpeza energética de uma casa, de um comércio, etc. Transfere-se para os alimentos a energia maléfica que está na pessoa ou no local com a ajuda de Esú e dos Òrìṣà. Este livro tem como objetivo ensinar de forma prática como preparar, manipular e aplicar um Ebó com fundamento, responsabilidade e bom senso.

Não podemos dizer a cada um qual o melhor Ebó ou trabalho espiritual, mas sim orientar como fazer a montagem deles, lembrando que cada trabalho deve ser orientado por Ifá ou por alguma entidade que se responsabilize por essa medicina. Nesse caso, devemos conhecer o desenvolvimento do trabalho. Procure sempre o auxílio de um zelador para orientar e fazer com que essa medicina seja eficaz.

O Candomblé

O Candomblé não é primitivo, muito menos religião, como muitas pessoas pensam. Segundo a Constituição Federal, não somos reconhecidos, mas lutamos para que sejamos vistos como uma religião. Acreditamos que a melhor palavra para definir o Candomblé seria "cultuadores", pois incorporamos a energia de nossos ancestrais conhecidos como Òrìṣà. Ao cultuá-los com oferendas, cantigas, danças, entre outros manifestos, chegamos a um ponto comum ou semelhante, utilizando os elementos que geram a energia para sua própria cabeça (o Òrí).

Òrí Àasá

Podemos entender Òri Áasá como Òrí = cabeça, Àasá = elemento. Nesse conjunto chegamos à conclusão de que Òri Áasá tem o mesmo significado que Òrìṣà, ou seja, cabeça do elemento que está vinculada a uma força universal. Para explicar isso, relatamos a seguir um contexto explicativo.

Òrìṣà é a melhor definição para explicar a unificação do DNA de Olódùmaré dentro da mente humana, formando o que chamamos de corpo (Ara) e cabeça (Òrí); com isso, podemos ver a magnitude dos Òrìṣà em nós mesmos. Òrìṣà não são deuses primitivos ou demônios como muitos acreditam, mas a expressão de elementos ativos no Universo; porém não podemos dizer que Òsún é as águas, que Òyá é os ventos e que Sàngó é o fogo, mas sim os administradores de cada elemento. Contudo, chegamos à conclusão de que o Òrìṣà é vivo em cada ser e em cada partícula da natureza, e que pelas oferendas podemos organizar e manipular essas forças, pois cada pessoa iniciada se torna um Òrìṣà vivo na Terra.

Entretanto, podemos separar a crendice e os mitos criados aqui no Brasil. Hoje somos pessoas livres e não precisamos comparar nossos Òrìṣà com santos cristãos nem com deuses antigos. Assim nasce um culto amplo e cheio de explicações para aqueles que queiram aprender sem ofender o sagrado, e muito menos o culto ao Òrìṣà. Neste livro queremos mostrar a vocês algo místico e revelador para poucos, mas uma gota d'água no deserto para todo aquele que tem sede de conhecimento.

O que devemos analisar, entender e comentar é que em cada cerimônia, festa, fundamento e obrigação, buscamos uma explicação purificada do misticismo branco ou Yorubá, para fazer aflorar a verdadeira função de "Òrí", único alvo e agente do culto isèsé lagbá.

Cada Òrìṣà tem a sua valorização de culto. Òsàlá pertence ao branco, Esú pertence ao negro e não é um demônio cristão nem uma simbologia do mal, mas sim um administrador da força do aṣé que está ligada ao ojiji (sombra) de cada ser humano. E assim podemos dizer que na constituição e valorização do aṣé se dá a unificação do conhecimento, pois podemos buscar dentro de cada Itón de Ifá a clareza e a explicação para se realizar qualquer trabalho ou festividade dentro do Egbé, Ijó, Aṣé ou Terreiros; assim conseguimos organizar e manipular a força dos irúnmolé.

A proposta do Ebó

A proposta do Ebó é descrever minuciosamente a técnica de realizar a magia que contém em cada substância e em cada material que será utilizado para chegar ao êxito na realização de uma oferenda ou trabalho. Após determinação e permissão de Òrúnmilá, que é quem dirá como será realizado o Ebó, com ou sem conjuração (reza). Deveremos observar o local do Ebó e a ordem correta de passar os elementos na pessoa que estará utilizando essa medicina.

Existe uma ritualística que devemos seguir, pois nada se faz sem motivo ou razão. Vamos ver um exemplo simples:

Alguidar (riscar o número do Odú em cruz com pemba branca).

Se você utilizar o jogo de búzios, deverá usar o número de pedras abertas. Se você não tem domínio sobre o jogo de búzios, poderá usar esta simples técnica: 7 para as mulheres e 9 para os homens.

Morim branco (palmos, se necessário também morim preto e vermelho)

Canjica

Pipoca

Acaçá

Bolas de arroz

Bolas de farinha

Acarajés

Ekuru

Ovos

Quiabos

Velas

Moedas

Folhas (são-gonçalinho ou aroeira)

Antes de começar o Ebó, devemos saudar: Ilé, Èsú, Òsanyìn, Osòóssi, Ògún.

Logo na entrada da mata, faça as oferendas e a saudação conhecida como ORIKI.

As oferendas são conforme a determinação de cada Odú que estará relacionado ao Ebó marcado anteriormente; além disso, você deverá levar dez ingredientes, sendo sete para o consulente e três para os Òrìṣà relacionados anteriormente. Durante todo o ritual deverá haver silêncio, e a pessoa se manterá de pé até a entrega do carrego, somente então poderá comer alguma coisa leve. Na véspera, essa pessoa deverá começar um jejum de carnes vermelhas, sexo e bebidas alcoólicas (a partir de 22 horas). Pela manhã poderá tomar um chá ou algo bem leve. Durante o período do resguardo, só poderá usar roupas claras, de preferência branca. Após o Ebó, deverá ser realizado um banho de ervas, determinado pelo Bàbálòórisá/Iyálorisá.

Lembre-se de que cada Ebó tem sua orientação, finalidade e fundamento. Não podemos levar isso como uma regra, pois a desenvoltura do Ebó é vasta; podemos utilizar de vários Itón (histórias) de Ifá em que ele relata que para cada ser humano existe um tipo de Ebó, como o citado.

Para reafirmar o que foi dito, vamos deixar um exemplo para ser avaliado. Citaremos a seguir o Odú Ogbe Meji de acordo com o Itón:

Owo t'ara, Ese t'ara e Otaratara são os nomes dos três adivinhos que consultaram o oráculo de Ifá para Eleremojú, a mãe de Àgbonnìrègún (esse nome é um elogio para Òrúnmilá). Eleremojú estava tendo sérios problemas, então ela concordou em oferecer e satisfazer os filhos de Ifá (ikin Ifá – 16 caroços de dendê). Ela prosperou porque ofereceu as coisas que Ifá prescreveu. Todo Ebó ou oferenda deve ser prescrito por Ifá, nunca fazendo algo por achismo, e sim por determinação de Ifá.

A oferenda tem um papel muito importante para os Irúnmolè, o que muitos desconhecem, pois acreditam que uma pequena oferenda não criará infortúnio na vida de uma pessoa. Porém a oferenda tem como base oferecer ao ser humano a vitória e a prosperidade sobre qualquer problema, seja de ordem espiritual ou material. Faça a oferenda que Òrúnmilá determinar e não modifique os elementos prescritos, pois Ele sabe de todas as coisas do plano terrestre ou espiritual. Com isto você aprenderá a ter a força de seu Òrìṣà com você, que é o aṣé.

Configuração do Odú Ogbe Meji

Capítulo 2

Parte 1 – Diferentes Tipos de Medicina

Agora vamos entrar em um assunto que será pertinente para que possamos entender melhor a força espiritual que envolve um Ebó.

Òógun = Medicina

Diferentes tipos de medicinas tradicionais foram usadas pelos sacerdotes por milhões de anos para combater as forças negativas, os problemas espirituais, mentais e físicos, dos quais as pessoas sofriam.

O Òógun é mais conhecido dentro do culto de Ifá e dos sacerdotes de Òsanyìn, bem como negativos pelos adoradores de Ajogun e Ìyàmi.

Seus poderes de cura vão além do conhecimento de uma sociedade, desde uma cura física, mental ou até espiritual. O estudo aprofundado dos elementos, plantas, minerais e animais tem um vasto conhecimento de alquimia, magia e das propriedades essenciais de cada elemento nos planos de ação.

Podemos separá-los em duas partes principais:

1) Para Maléficos (Abìlù). Para efeitos maléficos ou fazer o mal é usada uma preparação de feitiçaria, causando nas pessoas danos materiais e espirituais. Esses danos são feitos por Ajogun, que são as energias negativas, criando assim os mais conhecidos efeitos que são descriminados em:

Èpè – Maldições,

Abìlù – Maldades,

Òràn – Problemas.

2) Para Benéficos (Idàábobo). Para efeitos benéficos são usadas ervas, restos de animais e também os minérios pelo Òlorisá, o Òlosanyin, ou pelo Àwó Ifá na busca de preservar a integridade das pessoas na parte física, mental e espiritual, bem como neutralizar as forças negativas dos Ajogun. As preparações de ervas utilizadas em terras yorubás são chamadas de Medicina, usadas para evitar as forças negativas e maléficas. Entre elas existem diferentes tipos, conhecidos como Òógun, que podemos classificar como medicina da boa sorte, da boa vida, da prosperidade, e assim por diante.

Òógun também é conhecido como AKOSE, tem vários tipos de medicina. Mas o importante é saber se a pessoa realmente necessita da medicina em vez de um Ebó.

Òógun (magias medicinais) são usadas para ajudar a atrair algo mais rápido, porém a magia não faz milagres. Em vários casos a pessoa que utilizar essa magia não irá fixar o poder dos Òrìṣà em sua vida, como, por exemplo, o Isòlè (magia do dinheiro fácil), e, neste caso, tampouco as pessoas que ajudaram a realizar o Ebó, pois as pessoas que emanam suas forças espirituais para ajudar a realizar a magia africana precisam estar em dia com sua obrigação para que a mesma possa receber seu aṣé.

Reafirmando o que foi dito anteriormente, podemos citar exemplos de algumas magias africanas:

Òsé Àwuré – Prosperidade,

Òsé Iferán – Amor,

Òsé Itajá – Vendas.

Existem medicinas de Ifá (Akose Ifá) e magias africanas para todo e qualquer tipo de problema, seja ele um simples pesadelo ou até mesmo uma troca de cabeça.

Por esse motivo devemos ter certeza do que fazemos em relação ao culto e aplicar as magias, quando necessárias, satisfatoriamente para cada necessidade e ocasião. Neste caso, classificamos todos os Ebó com números, não que isso seja necessário.

Quando falamos em Odú, logo vem à mente a imagem de uma quantidade de elementos ou materiais, mas isto será explicado mais à frente.

AKOSÉ

Capítulo 3

Parte I – Quem são as Pessoas que Podem Ajudar na Medicina

Títulos hierárquicos

Quando falamos em hierarquia, existe uma estrutura na casa de Aṣé, em que todos os elementos que compõem a estrutura se organizam de maneira social e todos dependem de um só guia espiritual chamado de Bàbálòórisá ou Iyálorisá em particular. Forma-se uma grande equipe com funções e deveres; desta forma, uma Ekejí não pode fazer a função de um Ogan Àsógun, pois se esta a fizer haverá uma desorganização no aṣé, onde existem certas regras que devem ser respeitadas.

Por esse motivo, muitos Babás ou Iyás acabam criando uma equipe, em que cada um sabe sua função, e assim eles trabalham em conjunto sabendo da necessidade de cada medicina realizada no aṣé. Ao realizar cada magia ou medicina, temos de ter uma pessoa de confiança para executá-la de forma correta e sem atrair forças maléficas para sua casa ou local de realização.

Entenda alguns cargos[1] ou títulos dentro da casa de aṣé

Os Oyé e as Ojoyé são posições sacerdotais escolhidas por seu Baba ou Iyá para ajudar nos Ilês Aṣé. Isso é feito em uma consulta de

---

1. Fonte: (https://ocandomble.com/2008/08/26/cargos-no-candomble-1/)Pesquisa

Erindilogun ou pelo Òrìṣà da casa. As pessoas são escolhidas para exercer funções secretas e também para o bom andamento da casa religiosa.

Aqueles que possuem Oyé são chamados Oloyé (para os homens) e Ojoyé (para as mulheres).

Essas pessoas são Idosu, Adosu ou não; recebem o cargo de confiança na sua iniciação ou durante o seu processo de aprendizagem espiritual, de acordo com sua capacidade.

Os não Adosu são os "Ogan ou Ekejí", que nascem com essa função, como diz a tradição.

Há casas que raspam para esses cargos, porém esses iniciados não possuem *status* de antigos e devem contar o seu tempo de iniciação como se fossem iyáwò.

Todos os Oyé são para os Òrìṣà.

Os títulos em Ketu correspondem, sobretudo, à estrutura de cada casa com seus fundamentos.

Iyálorisá ou Ìyáláṣé ou Bàbálòórisá ou Babalàsé: possuem as mesmas funções, sendo que a segunda responde na ausência da primeira. Quando há as duas na casa, geralmente a Ìyáláṣé torna-se a segunda.

Com o falecimento da Iyálorisá, a Ìyáláṣé é a pretendente a assumir seu lugar e, se for o caso, receberia os direitos da falecida. Esse Oyé só se recebe nos 7 anos, e é uma posição de Adosu, não de cargo de Ogan ou Ekejí.

Iyá Kèkerè ou Bábàkèkerè: auxiliar direta da Iyá ou do Babá, e de toda casa são escolhidos pelo Òrìṣà responsável pelo aṣé.

Ajibona: Mãe Criadeira, escolhida pela Iyá/Babá para criar o mais novo iniciado. Um cargo muito importante no aṣé, pois ela (ele) tem a função de criar, educar, ensinar o iyáwò.

No culto esse Òrúnmilá chama-se Ojugbona, e é um cargo masculino cuja função é ensinar o futuro Omo-Ifá.

Iyá Egbé: Mãe da comunidade, tem as mesmas responsabilidades da Ìyá Kékéré Ilè, ou seja, da Mãe Pequena da casa. Geralmente são escolhidas entre as egbomi mais antigas da casa; às vezes são até mais antigas do que a própria Ìyálòrìsà, em razão da antiguidade da casa. Lembrando que o Òrìşà não tem idade, é inexistente; quem tem idade são as pessoas.

Ìyàmorò: responsável pelo Ipade de Esú, junto com a Ajimuda, Agba e Igèna, aquela que dança com a cuia no ritual de Ipade. Casas sem ibós, sem árvores, não devem possuir esse Oye, sobretudo as que não rodam Ipade. As Iyamoro cuidam dos Esaá (falecidos iniciados na casa com posto) e Ìyámi Osorongá.

Ìyádagan: auxiliar direta da Ìyàmorò, Oye dado aos 7 anos também.

Possuem subpostos: Otun-Dagan e Osi-Dagan.

Ajìmuda: cargo feminino, posto do culto a Oyá e faz parte do ritual do Ipade e despacho das grandes obrigações. Um fato interessante é que Ajìmuda é também um egúm ligado ao orisá Oyá. Oye dado aos 7 anos e somente às filhas de Òyá.

Ìyá Efun: cuida não só das pinturas dos Ìyáwó, como sabe também fazer pós para todos os Òrìşà. Oye dado aos 7 anos. Este Oyé é dado às pessoas de Òsàlá e não muito longe das pessoas de Iyemonjá.

Ìyàlabaké: responsável pela alimentação do iniciado, enquanto este se encontrar de obrigação.

Olopondá: grande responsabilidade na iniciação, no âmbito altamente secreto, pessoa de alta confiança da Ìyá/Babá.

Omolàra: posto de confiança.

Ìyágbase: *Iyá* = mãe, *se* = que cozinha. Responsável no preparo dos alimentos sagrados. Todos os Òlorisá podem ajudá-la, sendo ela a única responsável por qualquer falha eventual. Deve conhecer pratos de comida de todos os Òrìşà, em grandes variedades.

Ìyabá Ewe: responsável em determinados atos e obrigações, deve encantar as folhas. Geralmente são filhas de Òsún.

Ìyátebese: responsável pelas cantigas, rezas, encantamentos; é a solista do Ilê.

Todos esses cargos possuem Otun e Osi, que são primeiro e segundo auxiliares, ou mais precisamente o lado direito e o lado esquerdo do titular do cargo ou posto.

Ogan: Ogá em yorubá, protetores civis do terreiro antigamente. Hoje passa a exercer funções religiosas também. Entre os Ogan destacamos funções importantes e de mando dentro do terreiro; junto com os sacerdotes, eles administram o Ilê.

Ologun: cargo masculino, despacha os Ebós das grandes obrigações. A preferência é para os filhos de Ògún, depois Odé e Obaluwiyè.

Alagbé: responsável pelos toques, rituais, alimentação, conservação e preservação dos Ilús, os instrumentos musicais sagrados. Se uma autoridade de outro Aṣé chegar ao Ilê, o Alagbé deve lhe prestar as devidas homenagens, "dobrar o ilù", oferecer até sua própria cadeira.

Também possui subposto Otun e Osi. É o escolhido para tocar o atabaque denominado run; possui seu Otun Alagbe e seu Osi Alagbé, que tocam os outros atabaques e também cantam nos candomblés.

Pejigan: zelador do Peji e responsável pelo Ilê Òrìṣà. Posto da etnia Ketu.

Asogun: responsável direto pelo início e fim dos sacrifícios.

Soberano nestas obrigações, comunica-se com o Òrìṣà para quem se destinam as obrigações, transmitindo a Iyà/Baba as respostas e conselhos. Deve ser chamado de Pai. Traz o aṣé de Ògún e trabalha em conjunto com a Iyálorisá/Bàbálòórisá, Oloyes e Ogans.

Sacrifica os animais de quatro pés e os outros também quando não há na casa seu Otun e seu Osi responsável para isso. Posto proveniente do culto de Ògún na África e sua comunidade.

Balodè: Ogan de Odé.

Alagbede: pessoa que trabalha no ramo de ferro e metais, e forja as ferramentas do Aṣé.

Olobé: que vem a ser um epiteto de Esú; é comum chamar-se de Adébo a esse oye. Responsável pelos Orós de Esú.

Balógun: título ligado ao Ilê de Ògún.

Sarapegbe: era quem transmitia as decisões da comunidade, fazia os convites das festas; geralmente este posto era dado aos filhos de Ògún. Hoje é esquecido principalmente nas grandes cidades.

Babalossaiyn: sacerdote preparado para conhecer todas as folhas e o culto a Òsanyìn.

Kaweó: ligado a tudo que se refere a Òsanyìn.

Apeja: cargo esquecido no Brasil por não haver sacrifícios de cães selvagens como na África.

Abogun: Ogan que cultua Ògún.

Ogotun: ligado ao Ilê Òsún e todas as obrigações de Ògun.

Alugbin: Ogan de Osòólufon e Osoguiã, que toca o Ilú dedicado a Òsàlá.

Oba Odofin: ligado ao Ilê de Òsàlá; normalmente são filhos de Sàngó.

Elemaso (Elémòsó): Oyé referente a casa de Òsàlá, é um título do próprio Òrìṣà. Òsàlá como conta seu Iton, há oye no culto para as pessoas de Orisalá que se envolvam com outros Òrìṣà, ou situações que invocam Ògún como baba olobé. Faz-se necessário que os titulares sejam de Òsàlá. Suas atuações não se limitam apenas à cerimônia do Pilão como muita gente pensa.

Iwin Dunse: ligado ao Ilê de Òsàlá.

Apokan: ligado ao Ilê de Òmólu.

Gymu: Oyé de ogan/ekeji de Òmólu; cuida de tudo que se relaciona a Òmólu, Nanã e Òsanyìn.

Akirijebó: pessoas que frequentam várias casas e não se fixam em nenhuma. Antigamente eram chamadas de akirijebó; também é ajoyé de maior importância relacionado à entrega de Ebó em locais determinados.

Eperin ou Ypery: posto dado aos filhos do Òrìṣà Osòóssi (determinado Osòóssi) e refere-se ao seu culto específico nas casas antigas de Candomblé.

Ekejí: auxilia a todos e, na ausência das outras Ojoyé, ela assume a função. Algumas se destacam e são chamadas carinhosamente de mães, não só pelos filhos do Òrìṣà que a suspendeu, mas por toda a comunidade.

As Ekejí podem ser:

Ìyárobá: mulher do Rei, responsável pelas coisas do Òrìṣà dono do Aṣé.

Iyàlaso: cuida das roupas dos Òrìṣà.

Ìyále: mãe da casa, auxiliar direta da Iyálorisá e Iyá Kèkerè.

Ekejí é o Ipo (cargo), depois vem o Oyé específico das condições de cada uma.

Por que relatamos isto neste livro? Para as pessoas entenderem que, para fazer magia e ela acontecer. É preciso entender sua função, ou melhor, se você tem mão para determinado assunto que será realizado dentro de sua casa, não adianta você pegar todos os elementos e não saber a função de cada um deles e também não respeitar as posições dentro do culto.

Queremos deixar bem claro, amigos leitores, que a medicina aqui explicada pode ser usada por todas as pessoas, sejam de Umbanda ou de Candomblé, mas é preciso entender o que fazer com cada uma delas. Como, por exemplo, o uso do número 7 e do número 9. Você sabe como usá-los em uma medicina? Então vejamos isso no próximo capítulo.

Capítulo 4

Os Números 7 e 9 na Medicina Africana

Sem energia nada funciona, e assim também é na Medicina Africana. Na verdade, para compreender como funciona tudo o que nos cerca é necessário entender também como produzimos a energia do aṣé por meio dos elementos utilizados. Quando usamos um número de acaçás, acarajés e abaras, são energias que estamos concentrando dentro de cada símbolo numérico da magia, ou melhor, do Ebó. Ali estão contidas milhões de informações que vão aos poucos agindo no corpo do consulente, no dia a dia e em seu destino.

Sua vida é toda feita de números que são transformados em medicina, basta para isso observar a sua data de nascimento, os números dos seus documentos, da sua casa, do seu sapato, da sua conta no banco. Somos identificados em qualquer lugar por um número, e assim também é na espiritualidade.

Quando jogamos os búzios, falamos 7 búzios abertos e 9 búzios fechados; logo, isto se transforma em número de Ebó (Medicina Africana). Ninguém se vira para você e diz: "Pega um punhado de canjica, um punhado de acaçás, um punhado de acarajés, um punhado de ekuru, um punhado de ovos, um punhado de moedas, um punhado de búzios, um monte de pano e passa em seu corpo".

Nem mesmo o Òrìṣà em questão ou entidade vai entender o que você está tentando fazer. Por este motivo no meu próximo livro, chamado Òdúlogia, estarei explicando esse tema melhor. Mas vamos continuar aqui. Esse Ebó seria uma bagunça. O que temos de fazer é dar um número para cada elemento. Então vamos lá.

7 acarajés

500 gramas de canjica cozida

7 acaçás brancos

7 ekuru

7 ovos

7 moedas novas

7 búzios

2 metros de pano branco

Observação: esta medicina é para pessoas com muito carrego.

Agora podemos ver algo concreto no Ebó. Quando numeramos o Ebó, fica mais fácil organizá-lo, tanto no aspecto material quanto no espiritual.

Vamos falar do Odú mais temido no Candomblé, o Odú Òdí Meji.

Parte I – O Odú Òdú Corresponde ao número 7

O símbolo cabalístico que indica a renovação dos obstáculos que é Òdí pode ser representado por um círculo mágico ou um tabu para limitação, obstrução, aprisionamento. Sua cor é o negro ou a mistura de qualquer outra cor. É um Odú feminino, representado esotericamente por um círculo dividido ao meio por uma linha vertical, significando duas nádegas, ou ainda, as impurezas do órgão sexual feminino. É inconveniente, no entanto, fixar-se esta opinião como definitiva, principalmente quando o aparecimento desse signo se relacionar a um Òrìṣà, como Òrúnmilá, ou quando surgir em resposta à consulta de uma pessoa muito idosa ou de posição respeitável.

Òdí Meji representa a mulher (em Fon ñõnu), palavra cuja etimologia costuma ser explicada por sua tradução literal: *ñõ-nu* = coisa boa/a mulher = coisa boa. Algumas correntes dão ao termo outra interpretação: "ñõ nu, bo nu kpo nu me de" (um homem, depois de morto, não pode querer ocupar uma mulher).

Dizem ser este signo (Òdí 7) que incita o ser humano a copular. É por essas razões que encontramos uma estreita correspondência entre Òdí Meji e as Kannesi, a impureza das mulheres, proporcionando-lhes uma tendência natural à prática da feitiçaria.

Òdí Meji corresponde ao Norte. Sob este signo apareceram na Terra as mulheres, os rios cujas margens têm a aparência de lábios, as nádegas e o costume de sentarmos sobre elas. Este signo ensinou aos homens o uso de deitarem-se indiferentemente, virados para a direita ou para a esquerda.

Òdí Meji ocupa-se dos partos efetuados com a parturiente de cócoras e preside ainda ao nascimento de gêmeos e de todas as espécies de macacos considerados gêmeos.

"A criança que está agora no ventre fala à sua mãe."

Certo dia, quando Ifá se encontrava ainda no ventre de sua mãe, estando ela ocupada em recolher lenha no interior de uma floresta, foi surpreendida por uma voz que dizia: "Mãe! Eu vou dizer uma coisa. Trata-se de um segredo que jamais deverá ser revelado!". Espantada, a mulher começou a procurar, no meio da floresta, pela pessoa que lhe falava, sem encontrar ninguém. Novamente a voz se fez ouvir: "O que estás procurando? Sou eu, teu filho quem está falando! Quero prevenir-te que no décimo sexto dia, a partir de hoje, me darás à luz! Nesse mesmo dia haverá uma guerra em nossa vila, e meu pai será morto pelo inimigo... Tu, minha mãe, serás capturada e separada de mim...".

No dia seguinte, ao raiar do sol, o menino novamente fez contato com sua mãe, dizendo-lhe: "Compreendeu bem o que te disse ontem? Faltam somente 16 dias para o acontecimento!". Todos os dias de manhã ele falava com a mãe e, no décimo sexto dia depois do primeiro contato, disse: "Eis que é chegado o dia!". E imediatamente se iniciou o parto. No exato momento em que a criança vinha ao mundo, começou um ataque contra a cidade. Durante a batalha, o pai do menino foi morto e a mulher, capturada e levada como escrava. Ifá, escondido em lugar seguro, viu quando um homem se aproximava e, dirigindo-se a ele, implorou: "Leva-me contigo! Estou só no mundo. Meu pai está morto e minha mãe reduzida à condição de escrava! Leva-me contigo e não te arrependerás por fazeres esta caridade!".

Comovido, o homem pegou o recém-nascido e levou-o consigo em total segurança, para sua própria casa. Ifá imediatamente começou a realizar curas miraculosas. Sempre que alguém adoecia, o menino, após identificar o tipo de doença, receitava ervas que traziam a cura imediata. Todos os doentes recuperados faziam questão de pagar muito bem pela cura e, desta forma, o homem que recolheu a criança tornou-se muito rico e poderoso. Naquele tempo, os país eram governados por um rei chamado Lòfín, o qual, logo que soube dos milagres, chamou à sua presença o responsável pela criança. Ele, ali chegando, narrou de que forma encontrara o pequenino, o pedido de ajuda e seus maravilhosos poderes sobrenaturais. O rei, entre espantado e descrente, afirmou: "Se isto é verdade, se este menino for realmente dotado de tantos poderes, ocupará, ao meu lado, um lugar no reino deste país!".

Logo o menino foi transferido para o palácio e, sempre que um familiar do rei adoecia, era por ele curado. Nada mais se fazia no reino sem uma prévia consulta a Ifá, e suas orientações eram seguidas nos mínimos detalhes. Com o passar do tempo, o menino cresceu e, logo que se tornou adolescente, recebeu de Lòfín uma cidade onde foi coroado rei. Seus milagres se multiplicavam, todos aqueles que sofriam vinham atrás dele em busca de auxílio. Sua fortuna aumentava a cada dia, possuía muitas mulheres e muitos servos, além de todas as coisas que representam riqueza para os seres humanos. Ifá, na esperança de um dia encontrar sua mãe, adquiria escravas na mão de um mercador. Era chegado o dia em que se deveria comemorar a festa chamada Fanuwiwa, que todos os anos se faz em honra a Ifá. As mulheres de Ifá, com suas escravas, ficaram encarregadas de pilar milho para produzir a farinha que seria usada na festa. Entre as escravas estava a mãe de Ifá, que, por causa da situação miserável em que se encontrava, tinha medo de identificar-se e não ser aceita pelo filho. Enquanto realizava sua tarefa, a mulher entoava uma triste canção, a qual dizia: "Ifá Di-Meji, tu não me conheces mais?". Ao ouvir a canção, Ifá ordenou que a mulher fosse levada à sua presença, interpelando-a da seguinte forma: "Então tu me conheces?". E a mulher respondeu: "Mas não foste tu mesmo quem me anunciaste o dia do teu nascimento? Tu me disseste que no décimo sexto dia viria ao mundo e que no mesmo dia teu pai seria morto e eu feita escrava". "És tu, minha mãe!", gritou Ifá e ordenou que a banhassem e oferecessem muitos e belíssimos vestidos, além de um torso branco para adornar a cabeça. Em seguida, Ifá fez com que a mulher se assentasse ao seu lado, sobre uma grande almofada branca denominada akpakpo, e, pegando uma cabra, ordenou que a imolasse em honra de sua mãe, que passou desde então a viver ao seu lado, cercada de todas as honrarias e reverências reservadas à mãe de um rei.

Parte II – O Odú Òsá corresponde ao número 9

Suas cores são o vermelho, o laranja e o vinho. É um Odú feminino, representado esotericamente por uma cabeça humana sobre a Lua Minguante, representação do poder feiticeiro feminino. É uma referência inequívoca da sua ligação às práticas da feitiçaria, nas quais as mulheres se destacam por sua dotação natural, inerente à sua condição de procriar, transformando um espermatozoide microscópico em um ser humano.

ÒsáMeji representa as Kennesi, potências da magia negra que utilizam a noite e o fogo. São espíritos malvados que, hierarquicamente, se encontram situados imediatamente abaixo dos Òrìṣà.

Òsá Meji é, portanto, um dos Odú mais perigosos; a ele é atribuída a criação de todos os animais ligados a feitiçaria, como o gato, alguns antílopes, a coruja, a andorinha, o pintarroxo, o verdelho, a lavadeira, o engole-vento, o morcego, etc.

Òsá Meji comanda o sangue, a abertura dos olhos e os intestinos. É ele quem dá cor ao sangue e comanda todos os órgãos internos do corpo, por extensão o coração e a circulação sanguínea.

Sendo o senhor do sangue, Òsá Meji não distingue ricos de pobres, não conhece reis, chefes ou poderosos. Todos os homens, porque têm sangue, são propriedades suas.

"Homem fez a medicina e hoje vive bem."

Havia um homem que sofria demasiadamente em sua vida, mas que nunca se dignara a oferecer qualquer sacrifício. Onde quer que fosse morar, era perseguido por alguém de poder ou prestígio e, invariavelmente, tinha de se transferir para algum lugar distante.

Cansado de viver assim sem paradeiro certo, o homem resolveu internar-se na floresta, onde, longe do contato dos seres humanos, julgou poder viver em paz. Na floresta, encontrou uma caverna em que resolveu habitar, transformando-a em moradia. Depois de arrumar seus pertences, o homem dirigiu-se a uma fonte próxima dali, com a intenção de abastecer-se de água e, ao regressar, deparou-se com um bando de corujas que, postadas à entrada da caverna, impediam seu acesso. Repentinamente, as aves alçaram voo, investindo furiosamente contra ele que, apavorado, fugiu mata adentro, sempre perseguido pelas corujas.

Mais adiante, o homem encontrou uma cabana e, para fugir do ataque das aves, adentrou-a, deparando-se com seu dono que outro não era se não o próprio Òrúnmilá.

Narrada sua desdita, Òrúnmilá ordenou-lhe que oferecesse uma medicina que o livraria para sempre de todo e qualquer tipo de perseguição. Feito o Ebó, pôde o homem escolher o lugar onde viver, encontrando paz para o restante de sua vida.

Nesses dois Itón, podemos perceber que usamos a quantidade de 7 para mulheres e 9 para homens. Mas ainda existem pessoas que acreditam que esses números estão relacionados a Ìyàmi e Èégun, mas o poder de cada Odú explicado anteriormente está relacionado à força de existência de cada elemento.

Observação: Um exemplo simples: usa-se 9 para os homens e 7 para as mulheres.

Capítulo 5

Parte I – A Força da Palavra na Medicina Africana

O uso da palavra é um dos rituais fundamentais utilizados no culto de Ifá, Òrìṣà e entidades. É o processo de rezar para o sagrado diante do seu santuário. O formato tradicional para a oração é dizer que um Òrikí (invocação), Òfó (força da palavra), seguido por uma oferta (oferenda ou medicina), é uma petição de assistência ou orientação para algo que se almeja. Antes de ser feito um pedido, é importante sentir a presença do Òrìṣà, para que o processo de invocação seja satisfatório.

Se um Òrikí ou Òfó não conseguiu atingir o efeito desejado, às vezes é necessário elevar o nível de invocação, chamando o Òrìṣà por um nome de louvor. Os nomes de louvor são chamados de "ase" em yorubá, que significa "palavras de poder".

Para o aluno de Ifá e Òrìṣà, uma compreensão dos nomes de louvor do Espírito pode fornecer uma nova visão na chamada Essência Interior da Força da Natureza durante o processo de oração.

Ifá conta que a criação aconteceu pela vontade de Olódùmaré, incumbindo os Bàbálawó, Bàbálòórisá a ensinarem que a palavra tem de ser capaz de interagir entre as fontes de comunicação e fontes naturais, que por sua vez são controladas pelos deuses primordiais criados por Olódùmaré, chamados Òrìṣà ou Eborá. Basicamente, existe um complexo ritual que envolve essas divindades com o princípio da criação e formação de todas as coisas contidas no mundo dos vivos, denominado Àiyé. Porém, a complexidade desse hemisfério organizado não está somente concentrada nas formas que a natureza toma, mas sim na relação entre seres vivos, ancestrais, deuses primordiais e o Criador.

Quando recorremos ao poder da palavra, queremos realçar o seguinte: Olódùmaré transformou a evolução do Universo a partir da sua vontade e repassou para os Òrìṣà o modo mais apropriado para manter e transformar. Podemos notar que os repasses de informações partem por meio dessa questão, observando que o ensino da palavra vem sendo aplicado por nossos ancestrais nas gerações da mesma forma que os alunos aprendem com seus professores, observando então o poder que a palavra tem entre as questões de tempo e transformação. Entre o tempo e a transformação existe certa distância, que muitas vezes nós, seres humanos, não temos a mesma paciência de esperar que Olódùmaré tem, pois nosso tempo não é o mesmo que o espiritual. Vivemos em um tempo tão corrido que muitas vezes blasfemamos contra Olódùmaré ou contra o Universo sem ao menos percebermos que estamos apenas nos prejudicando.

Embora a palavra Òrò corresponda ao chamado e a expressões de Olódùmaré com as divindades, o nome da interligação das palavras entre os homens se chama Òfó (Força da Palavra), que se expressa para realçar qualquer ritual dentro das tradições dos Òrìṣà; e Ifá, Òfó, é também conhecido como encantação, que em particular causa a transformação das coisas na vida do homem, pelas preces enviadas para as forças naturais invocadas pelos sacerdotes. Sua energia deverá ser bem aplicada por eles e com clareza, para assim conseguirem alcançar a mais pura energia, sem a qual nenhum ritual terá valor.

O ensino do poder na liturgia revelada pela palavra é aplicado nos templos da diversidade de segmentos relacionados às religiões afrodescendentes e no corpo literário das ramas de Ifá. Estão correlacionadas nessa transmissão as Àdúrà, que são as rezas denominadas para as divindades, e os poemas que correspondem aos 16 Odú Meji, signos principais de Ifá que formam outros 240 Omo Odú, que são a voz expressa de Olódùmaré no ato da criação.

Você já pensou sobre a força das palavras? Na força negativa e positiva?

Sim, afinal, as palavras podem libertar e oprimir, alegrar e entristecer, fazer viver e fazer morrer, aliviar e angustiar, rir e chorar, incentivar e esmorecer, amar e odiar. Assim como em tantas coisas, existem os dois lados: positivo e negativo.

Para refletir

Quais são as palavras que mais saem da sua boca? São palavras de amor, de irritação, palavras ditas só por falar, palavras que apoiaram, ridicularizaram? Vamos usar a palavra em tudo o que formos fazer em relação à medicina.

Como você transmite as palavras que chegam à sua cabeça e saem por sua boca? Com humildade ou com arrogância?

Por que as palavras são importantes para o relacionamento espiritual? Porque você tem de saber como usar com as entidades, Òrìṣà, guias, etc., ou porque quer apenas algo em troca?

Para ficar muito mais claro este texto, podemos usar vários livros que falam sobre isso.[2] Um deles é a Bíblia, onde existem diversas passagens.

"Para sempre, ó SENHOR, está firmada a tua palavra no céu." (Salmos 119:89)

---

2. *Palavras de Poder*, Lauro Henriques Jr., Leya.

"Mas o que sai da boca vem do coração, e é isso que contamina o homem." (Mateus 15: 8)

Nossas palavras têm muito poder e se cumprem. Por sua palavra, Olódùmaré criou tudo que existe e suas palavras sempre se cumprem. A palavra de Olódùmaré é viva e cheia de poder. A prova é que temos nossos Orisás para nos ajudar todos os dias.

Nossas palavras afetam nossas vidas e a vida alheia, e têm poder de mudar situações. A boca fala tudo o que está dentro de nós. Com nossas palavras podemos nos condenar ou nos salvar. Por isso, precisamos aprender a ter muito cuidado com o que sai de nossas bocas.

A palavra de Olódùmaré é viva e presente, e está no meio de nós. Com isso podemos observar bem nossas palavras, pois o Ebó e a magia necessitam da palavra do homem, como em uma grande engrenagem onde todas as peças trabalham juntas.

Com tudo que lemos anteriormente, podemos também utilizar uma forma mais simplificada para conversar com nossas entidades, usando elementos e palavras que façam sentido para você e para a espiritualidade. Utilize de sabedoria para lidar com as situações do dia a dia, para não cair em falha e efetuar pedidos que não tenham sentido no futuro.

Parte II – Como se Preparar para Realizar a Medicina

Como em tudo o que fazemos, devemos estar caracterizados para tal. Você já viu um enfermeiro, um cirurgião, um juiz sem seus trajes? Na medicina não seria diferente, pois o zelo e a responsabilidade pelo que fazemos devem estar em primeiro lugar em nossas vidas e no dia a dia. Para iniciarmos uma medicina, em primeiro lugar devemos estar limpos, de banho tomado, com unhas e cabelos cortados, roupas limpas e, se for mulher, com seus cabelos presos. Nossos trajes não necessitam ser de luxo, mas devem estar limpos e alvejados. A roupa de ração é aquela usada diariamente em uma casa de Candomblé ou de Umbanda. São roupas simples, confeccionadas de morim ou outro tecido similar.

As roupas de ração podem ser coloridas ou brancas, dependendo da ocasião a ser executada a medicina.

Uma das maiores características do povo do aṣé são as roupas e seus ornamentos, que marcaram a vinda do povo africano para o Brasil. Os cultos afros com suas roupas, geralmente coloridas, marcaram décadas e até hoje suas cores e tons são usados na religião, na moda e em muitas outras coisas. As cores básicas do Candomblé são preto, vermelho e branco.

O preto representa Òduduwá, que é o cair da noite, e está ligado ao Owají, ao silêncio e à resignação. Quando usamos o negro como carvão, zeramos uma energia; quando usamos o azul conhecido como anil, damos caminho, e assim por diante.

Já o vermelho representa Òlokún à tarde, ligada a Òsún, que traz a energia da vida, a força de movimentação, o princípio feminino.

O branco representa Òbatalá (Oxalá) e está ligado às primeiras horas do dia, ao Èfún; com isto vêm a calmaria e a paz, e também representa o luto (pela morte) que proporciona o princípio da vida (renascimento e continuidade), a luz para que possamos ver a realidade do mundo.

Quando entendemos esse princípio, começamos a compreender a verdadeira realidade da medicina e também como se preparar para usar cada uma delas, tirando essas loucuras da cabeça de que para fazer o mal temos de usar o preto e para fazer o bem temos de usar o branco. E que Esú usa preto e vermelho, e assim por diante...

A seguir vou descrever alguns trajes ritualísticos.

As mulheres utilizam roupas compondo: saia (asó) de pouca roda para facilitar a movimentação; singuê (espécie de faixa amarrada nos seios que substitui o sutiã); camisú ou camisa, geralmente branca e enfeitada com rendas e bordados; calçolão (calça curta), um pouco larga para facilitar a movimentação; pano da costa, utilizado na altura do peito; e o ojá, um pano que se amarra à cabeça.

O asó tem uma representação muito grande no aṣé. A roupa fala de um simbolismo muito especial, pois, além de ético e moral, os asó dão para as mulheres posição e postura. É bonito se notar a forma e a reverência que essas roupas expressam em sua aparência e jeito, e respeito acima de tudo. O vestuário de uma Iyálorisá é diferente das roupas usadas pelas ekejí e Ìyáwó; é caracterizado pela "bata", que é usada por fora da saia com o camisú por baixo. Nas casas tradicionais somente a Iyálorisá pode usar e, se ela permitir, suas filhas egbomi (filhos que possuem 7 anos tomados) também poderão utilizar. A bata é símbolo de cargo ou posto dentro da hierarquia do Candomblé. O pano da costa dobrado sobre o ombro também tem sua representação; é um símbolo de cargo, pois as Ìyáwó o usam amarrado no peito, as egbomi, na cintura, e Iyálorisá no ombro, sendo esse traje apenas de mulheres, não podendo ser utilizado por homens.

Normalmente, saias e batas de bordado (richelieu) são usadas pelas Iyálorisá, assim como o pano da costa de Alaká africano.

Os turbantes, também chamados de torço ou ojá, usados na cabeça normalmente são maiores e mais ornamentados, assim como determinados fio-de-contas não podem ser usados por pessoas que não têm cargo. Além do simbolismo do vestuário, existem muitos objetos que podem ser caracterizados e usados somente por Iyálorisá e Bàbálóórisá. Outra característica do vestuário é o uso do ojá na cabeça: no Candomblé é de uso exclusivo das mulheres. Se ela for de Òrìṣà masculino (aboró), usa-se um ojá com uma aba; se for de Òrìṣà feminino (Iyabá ou Aiabá), usará duas abas.

Temos também em muitas casas o uso da palha-da-costa, conhecida pelo povo do aṣé como "ìko", extraída de uma palmeira chamada Igí-Ògòrò pelo povo africano (chamada também de Mariwó). Já no Brasil, recebe o nome de Jupati ou palha de coqueiro; o nome científico é *Raphia vinifera*. Para o Òrìṣà a palha representa a eternidade e a transcendência, muito utilizada no culto de Nàná, Òluòdó, Òmólu, Èsúnmaré, Yèwá ou Òsunmaré como prova da imortalidade e reencarnação, e também em rituais fechados de èmeré ou àbikú, na confecção de magias para eles.

O Ìyáwó

Quando entramos para a vida espiritual, passamos por determinadas mudanças e recebemos alguns títulos ou nomes; um deles é Ìyáwó (noiva), em que este passará por alguns atos e medicinas para chegar onde se deseja. O mesmo utilizará alguns objetos que são de extrema importância para o culto:

Òmookan: uso diário.

Essa palavra quer dizer filho do coração, é um instrumento usado pelo Ìyáwó como forma de ligação entre ele e seus antepassados (ligação Órun/Àyé).

Ikán (contra-egun): uso diário.

Essa palavra quer dizer afastar o mal, serve para livrar-se do mal e também de espíritos obsessores; e não deve ser usada sem um ritual apropriado.

Umbigueira: quer dizer cordão ou ligação com sua mãe ou antepassado.

Dilògún: usado nos ritos, preceitos e no aṣé.

O Dilògún pode ser traduzido como Merin: é número 4, Diló: menos do que Gún: 20 (D) erin/dilo/gún 4 menos de 20 = 16. Na verdade, seriam 16 fios de contas, usados pelo Ìyáwó. E o nome correto seria Èlekédilogun.

Dilògún africano/corais/pedras: de uso exclusivo para autoridades do Candomblé e das pessoas com obrigação de 7 anos (obrigações tomadas).

Dilògún de bolas de plástico: não pertence ao culto do Òrìṣà, serve apenas para fazer pulseirinhas e colares utilizados no dia a dia das pessoas.

Ìyáwó do sexo masculino: as roupas utilizadas pelos homens são diferentes das usadas pelas mulheres: calça de ração confortável (branca) para qualquer ocasião, podendo ele estar apenas no Aṣé para colaborar com a organização/limpeza ou para uma visita ao Baba ou Ìya ou para funções dentro do Aṣé. Em funções de extrema responsabilidade, sempre se usará calça de ração. (Não são aceitos jeans, bermuda, etc.)

Camisa de ração (não é utilizado camisú – uso exclusivo para mulheres).

Filá ou Ékété: não é utilizado pano de cabeça em homens – à exceção do recebimento de axé, em oro.

Filá ou ékété: chapéu ou boina.

Ogá (Ogan):

Calça de ração (não são utilizados jeans, bermuda, etc.).

Camisa de ração (não é utilizado camisú, pois seu uso é exclusivo para mulheres).

Ekejí (ekede):

Saia: usa-se uma saia quase sem roda para não atrapalhar o bom andamento dos afazeres da Ekejí, pois roupas armadas com anáguas engomadas atrapalham muito.

Toalha: a toalha é usada para enxugar o rosto do Oriṣá. Antes essa função era dada apenas para a Ekejí, mas hoje qualquer filho do Aṣé pode ajudar com esta tarefa.

Ades, coroas e paramentas:

Ades, coroas e paramentas de Òrìṣà devem ser usadas com discernimento e coerência, e apenas pelos Òrìṣà. Deve-se ter coerência ao vestir os Òrìṣà (nossos deuses são utilizadores dos elementos da natureza, por isso não devem ser vestidos como verdadeiros carros alegóricos ou palhaços). Máscaras também não são utilizadas pelos Òrìṣà, pois fazem parte de outro culto.

Altura dos ades: devemos ter coerência em relação a essa paramenta. Muitos colocam coroas, outros capacetes, mas não devemos passar do limite e utilizar verdadeiras aberrações, fazendo com que o Òrìṣà fique perdido sem saber o que fazer e qual o verdadeiro significado daquilo, um verdadeiro peso na cabeça do médium, que ele mesmo depois sentirá dores terríveis no pescoço, afetando sua coluna cervical.

Òsàlá: usa branco; sendo ele é um Òrìṣà Fúnfún, não utiliza outras cores, diferente de Osóguian.

Penas: nosso culto é tribal, mas não indígena; a utilização de penas na confecção das roupas dos Òrìṣà deve ser ponderada e não excessiva.

Sàngó: Òrìṣà que gosta de cores fortes, mas não do preto ou do roxo. Em algumas casas, usam-se saia curta e tranças representando sua beleza e masculinidade.

Àsèsè

O Àsèsè nada mais é que um ritual realizado nas casas de Aṣé para despedida (desvinculação) de um membro da casa, após seu falecimento.

No ritual do Àsèsè as roupas utilizadas são de total simplicidade e:

Homens: calça, camisa de ração (branco) e filá.

Mulheres: saia de ração, camisú (branco), pano da costa e torço.

Devemos saber nos vestir e nos portar dentro das casas de Aṣé e dentro de cada Culto.

O uso de roupas com brilho e coloridas nos rituais de Àsèsè fica inconveniente para a ocasião, pois, sendo um ato de desligamento, devemos deixar a vaidade de lado. Por isso são fundamentais o respeito e o bom senso para o bom funcionamento do Aṣé e para nosso próprio crescimento espiritual. Respeito acima de tudo.

Sendo um rito muito importante no culto e de muito respeito, é preciso também entender melhor essa cerimônia conhecida como Àsèsè, ou melhor, o Ebó Etùtú (Àsèsè), a cerimonia que se efetua quando o Bàbálòórisá, Iyálorisá, Bàbálawó ou outro membro com suas respectivas idades e com suas obrigações em dia falece. A função primordial do rito de Àsèsè é fazer! ou encaminhar a alma do falecido até o Ode Orun, morada de Olódùmaré, de onde todos nós viemos e para onde todos nós retornaremos.

A função primordial dessa cerimônia é trazer evolução suficiente ao espírito do falecido, fazendo com que se desprenda deste plano astral e dê continuidade em outro plano, já que o espírito do iniciado começará um novo ciclo.

Esta cerimônia é muito importante, pois o iniciado, ao nascer, não nasceu com as cerimônias de iniciação do Òrìṣà; ele adquiriu as iniciações com o passar dos tempos e ninguém pode levar desta vida algo que não trouxe consigo ao nascer.

Somos de um culto ancestrálico, em que cultuamos a ancestralidade (antepassados), pois reconhecemos que existe algo indestrutível em nós seres humanos, que resiste a qualquer coisa, que sobrevive até mesmo à morte física, que é o EMI, o nosso espírito.

O entendimento e a concepção ética contidos nos estudos e na teologia yorubá ou nos cultos afrodescendentes nos ajudam a entender e exprimir o sentimento de necessidade do conhecimento espiritual para o bom andamento e concepção religiosa. A morte é a única coisa que temos certeza, e devemos aceitar com clareza esse processo evolutivo para que possamos fazer a passagem sem termos agredido ou regredido de alguma forma. Pois, havendo a transgressão espiritual, na hora em que se der a morte, ainda que se fizesse o Etùtú, seu EMI (espírito) nunca chegará a alcançar a paz eterna aos pés de Olódùmaré e ficará preso neste plano astral, sofrendo e martirizando-se. Em outras seitas ou cultos, dizem que a pessoa não conseguiu fazer a passagem e que seu corpo espiritual está preso no limbo, sofrendo as punições pela falta da evolução necessária. Então se fazem necessários certos atos, cada um em sua crença ou seita, para ajudar o ente querido que se foi por qualquer motivo ou fato.

Depois deste esclarecimento sobre Àsèsè e sua utilização, vamos passar para uma breve explicação sobre e como são realizados o Etùtú em terras yorubá ou brasileiras.

Para iniciar a cerimônia do Àsèsè, o representante desse ato deverá preparar um Omi eró, (banho) de folhas próprias de Egungun, para ser utilizado ao término do ritual.

Logo em seguida o zelador de Òrìşà pegará uma certa quantidade de folhas de uma árvore chamada álamo (*Ficus religiosa*) e as jogará duas vezes para cima; aquelas que ficarem em cima do Odú que foi riscado, conforme a orientação de Ifá, serão interpretadas. Depois de tudo verificado, inicia-se a cerimônia, pois as folhas trarão a mensagem do falecido, falando tudo o que será utilizado no Etùtú e no Ebó; entre outras coisas, se o falecido estava ou não em tempo de partida e quem ficará com a casa, o Òrìşà e também sobre o que será realizado durante o ano.

Depois é preparada uma cuia com nove dessas folhas (as que caíram inversas) e serão adicionados também: dendê, orí, preá, milho, peixe torrado, orobó, obi, Òsún, eró, pó da pintura de sua consagração em Òrìşà, conta das correntes de Òrìşà do falecido, sabão e bucha (que significam o banho do iniciado). Depois cada um dos presentes jogará na cuia palha seca (palha-da-costa) até cobri-la (cuia).

Seguindo a sequência do ritual, o zelador deve sentar-se em uma esteira onde será consultado cada Òrìşà, falando-lhes da morte do sacerdote ou sacerdotisa, através dos búzios (Dilògún), que, ao serem jogados, trarão o Odú, que é quem determina se o Òrìşà irá se retirar. Nesse caso, efetua-se o rito pertinente e suas pedras (okuta) serão levadas para o rio ou ficarão no aşé, para cuidar de seus familiares ou irmãos. Se o Òrìşà decidiu ficar, neste caso não se mexe com ele, somente serão feitas oferendas e sacrifícios uma vez ao ano, até a prévia cerimônia de entrega à pessoa designada pelo Òrìṣà.

Para finalização da cerimônia de Etùtú, todos passarão em seus corpos um pintinho, que será atirado contra o chão e colocado dentro do igbá (cuia); será envolto tudo em um pano branco e outro negro, colocando-se dentro do caixão do falecido, embaixo de sua cabeça.

A esse pintinho damos o nome ou denominação de Akukoidie Itanàn. Ele tem a função de abrir e iluminar a passagem ou o caminho da alma do falecido para que o Guardião da entrada de Ode Órun, chamado Oro Ariere, permita a entrada desse espírito diante de Olódùmaré.

Parte III – Como Preparar o Chão

É considerado um dos Òrò (preparar o chão) mais importantes do Candomblé. Para dar comida à Terra, é necessário trabalhar com a morte. Trabalhando com a morte, você estará automaticamente mexendo com Òmólu. É aconselhável que uma vez por ano os zeladores que têm a morada de Òmólu em seus asés deem comida à terra, pois dizem que a terra mata e come gente porque Òmólu tem fome, por isso existe esse Òrò (dar comida à Terra). É chamado também de preparar o chão.

Para arrumar o chão para a medicina, deve-se fazer um buraco na terra onde se colocam água, pimenta-da-costa, bebida (gin), dendê, sal, mel e um acaçá.

Esse modo de preparação serve para segurança da casa ou do local onde está sendo preparada a medicina. E para que Ikú ou qualquer entidade negativa não venha atrapalhar a medicina que está sendo feita nesse local.

Por que usar água?

A água fresca, por ser o elemento branco que corre nas entranhas da terra, é considerada o sêmen feminino; ainda por sua característica refrescante tem o poder de apaziguar situações hostis ofertando a Òrí, Òrìṣà masculino e aos ancestrais. Porém, para as Ìyàmi o Omi, é totalmente indiferente, não apazigua, serve somente como elemento para saudá-las e reverenciá-las.

Por que usar gin e não pinga para preparar o chão?

O gin, vodca, ou aguardente com as bagas do zimbro fermentado. (Consiste em gálbulos pruinosos, de 6 a 9 milímetros, negros quando maduros; são bolinhas azuis ou pretas, de sabor doce e resinoso. É apreciado pelos seus frutos, que se prestam à produção de bebidas aromatizadas, como o gim.)

É considerada a bebida da riqueza, como relata o Ésé (história) do Odú Òtúràrété. Por sua característica quente, ativa e refrescante, é utilizada para ativar, acordar e excitar a energia do Òrìṣà.

Por que usar dendê?

O azeite de palma, com sua cor avermelhada, muitas vezes é substituinte do sangue vermelho animal. É utilizado em muita quantidade para apaziguar principalmente as Ìyàmi e Esú; porém, ainda por sua característica emoliente muito suave, é utilizado em grande quantidade para abrandar situações hostis e também aqueles Òrìṣà mais violentos, como Ògún/Ologun/Osóòsi, Sàngó, Ọbalúwayè, etc. Ou seja, o Epò é utilizado em muita quantidade para amolecer ou agradar a todos os Òrìṣà e Ancestrais, mas principalmente Esú e Ìyàmi, exceto diretamente para Òbatalá (Oxalá) em seu culto; no entanto, é muito utilizado para o Ori (cabeça).

Por que usar sal?

O sal é muito utilizado para os Òrìṣà, mas principalmente Esú e Ogún, a fim de propiciar vitalidade, ânimo, dinamismo. Exceto para Sàngó e Egungun, que se substitui pelo Kan (sal da terra). É proibido oferecer para Òbatalá, mas seus devotos têm obrigação de oferecer a Esú se quiserem satisfação e conforto em suas vidas.

Por que usar mel?

O mel de abelhas é usado para adoçar as divindades, assim como sua característica de ser incorruptível não se estraga ao tempo; e, por ser o produto da perseverança (o trabalho das abelhas), pertence a Ìyàmi, mas é muito utilizado no culto de Baba Èégun (Mortos).

O uso do Ataré pimenta-da-costa

Ataré (pimenta-da-costa) é usada para ativar a energia dos Òrìṣà, Òrí e ancestrais, quando mastigada e assoprada com Oti-O-loje (gin) sobre assentamentos e Ebó. Ataré mastigada com Obi ou Orobó propicia força às palavras que saem da boca.

Conselhos:

Ao fazer uma medicina, além da fé você deve:

1. Só utilizar material novo.

2. Nunca substituir um material por outro.

3. Usar somente o que a receita pede.

4. Ao fazer o trabalho, manter o pensamento firme no que você realmente deseja.

5. Veja se não há pessoas por perto que possam receber essa influência negativa ou atrapalhar a influência positiva que a medicina vai trazer.

Quando começar a fazer a medicina, o local tem de estar limpo.

Do lado esquerdo: uma quartinha com água.

Uma vela branca.

Fazer uma defumação de seu gosto (pode ser Mãe Maria ou defumação sete ervas).

Sempre forrar o chão com um pano branco.

Só deve fazer medicina de prosperidade dentro de casa; se não puder, deve fazer em uma mata.

Toda medicina tem uma finalidade, então visualize qual é a finalidade dela

Parte IV – Locais Sagrados e Pontos de Força

Os lugares sagrados seriam os espaços, localidades, construções, monumentos e outros locais que temos o privilégio de utilizar, presenciar, acompanhar ou visitar para cultuarmos a espiritualidade sempre da melhor maneira possível.

Esses lugares têm a finalidade de cultuar a religiosidade ou apenas a vivência espiritual. Há lugares ainda utilizados apenas para a experiência místico-religiÒsá, como alguns rios, matas, ruínas, montes, lagos, grutas, cemitérios. A vasta arquitetura religiosa é rica em formas e contextos e com características nunca imaginadas pela mente humana. Descobrem-se coisas, com o passar dos tempos, que mexem com a crença das pessoas, fazendo com que muitos passem a acreditar mais e outros simplesmente se desiludam com uma falsa verdade.

Em nosso culto, acreditamos que a natureza é a base de tudo, tem papel fundamental em tudo o que fazemos. Utilizamos de água, ar, fogo, terra, pois nosso Òrìṣà vem dessa força inexplicável, em que com um simples ato pessoas se curam, vidas são totalmente mudadas, como se fossem apagadas e reescritas, simplesmente transformadas, utilizando apenas de suas forças, a mais bela e pura natureza.

Pontos de força

Pontos de força são os pontos catalizadores de energia e podem ser representados por vários lugares e objetos. A encruzilhada é uma das grandes representantes de poder e força; é a entrada e saída de energias. Nela existem quatro cantos, um apontando para cada ponto; são as quatro pernas da encruzilhada representando o norte, o sul, o leste e o oeste. O centro da encruzilhada é onde há a maior concentração ou captação de energia; existe um Itón no qual se diz que Eṣú e Ìyàmi utilizavam da encruzilhada para andar entre o Òrun e o Àiyé. Os trabalhos entregues em encruzilhadas visam ao encantamento, trazendo a abertura de caminhos, e possuem sempre o maior acúmulo de energia. Falar em ponto de força é falar do encontro de energias que nos rodeiam o tempo todo, fazendo com que a nossa força espiritual esteja coligada à natureza.

Muitas pessoas perguntam por que devemos ter respeito pelas encruzilhadas, matas e templos, se são apenas ruas, mato ou construções. Para se ter a força espiritual e conseguir o que se almeja, devemos sempre respeitar o próximo e suas escolhas. Não sabemos o que pode acontecer nem o que nos aguarda quando invadimos ou profanamos um local sagrado, só pelo simples fato de não querermos saber da verdade do próximo. Então, com cautela e respeito, conseguimos observar a força espiritual agindo naquele local. Muitas pessoas acreditam que ir a uma encruzilhada e fazer um despacho é simples, sem sentido; enganam-se, pois é algo místico e mágico, porque conseguimos emantar as energias em objetos e com eles fazer a transformação de situações em que se imaginava que não teria mais solução. Porém, com os elementos certos e com os òfós, mudamos a vida de muitos, inclusive a nossa.

Não devemos nos aventurar e ir a locais sagrados sem tomar certos cuidados, sem fazer algum ritual antes e adotar as devidas providências para que tudo saia com perfeição. Neste livro queremos organizar as ideias para que você possa frequentá-los sem problemas ou até mesmo sem trazer qualquer energia negativa. Assim, você terá o conhecimento necessário para organizar sua vida espiritual e a dos demais. Quando fazemos um despacho (um trabalho), devemos observar algo muito simples: qual é o local predileto da entidade que será cultuada, lembrando que uma encruzilhada pode adaptar-se a milhares de entidades, como Exu ou Pombagira.

Vamos descomplicar o assunto.

Normalmente, trabalhos feitos na encruzilhada são para o povo da rua, serviçais de Exu e para abertura de caminhos. As Encruzilhadas são os pontos de forças dos Exus e Pombagiras dentro da cultura afro. A encruzilhada representa um sinal um tanto quanto cabalístico. É a entrada e saída de tudo. Quatro cantos, um apontando para cada ponto cardeal. O centro é a convergência, o núcleo de energia acumulada naquele local, e um dos Pontos de Força regidos por Oná. Nela está contida a força das quatro estações do ano que regem todos os Exus e os caminhos da encruza. Representa a ascensão e a queda, o bem e o mal, o livre-arbítrio do homem em decidir seu caminho.

O culto aos Orisás, sempre que possível, deve ser realizado nos locais sagrados, porque neles a energia é muito mais forte e vibrante, e o magnetismo ali existente destrói as energias que existem no nosso campo astral, as quais vamos acumulando em nosso campo astral e que prejudicam nosso corpo físico ou espiritual. Muitas vezes não percebemos a carga que vamos acumulando e ficamos entediados, cansados, sem vontade alguma.

Lembramos que existe uma troca de energia entre o corpo físico e corpo espiritual e, se um deles estiver desalinhado, automaticamente sentimos a carga, então ficamos adoecidos e fracos. Por isso temos de nos manter focados e alinhados para que tudo saia bem.

Podemos estar utilizando o banho de ervas para fazer a limpeza do corpo espiritual por meio do corpo físico. No banho de cachoeira, utilizamos o magnetismo e a energia existentes no local para devastar energias impuras que trazem enfermidades espirituais.

Já o uso do banho de mar serve como um banho de descarrego muito forte, pois o sal contido nas águas do mar tem grande força; apenas deve ser observado que o sal apazigua todas as energias, tanto boas quanto ruins, zerando a pessoa espiritualmente. Por esse motivo, após um banho de mar, deve-se tomar um banho atrativo para que as energias se renovem. A água do mar ou o banho de sal, como muitos fazem utilização, também tem a função de destruir larvas astrais resistentes a outros tipos de banhos (ervas, sementes, raízes, etc.).

Nas casas de Òrìṣà somos todos beneficiados pelas energias e pelo magnetismo existente na natureza, pois levamos até nossas casas a força da natureza através da terra e de seus elementos, como, por exemplo, as plantas/raízes; da água, usando a água do mar, cachoeira, mina, chuva, etc; do ar e do fogo, pela energia espiritual e seus agentes. Por isso recomendamos a realização periódica de cultos religiosos nos templos, porque nesses momentos de invocações nossas energias são renovadas e retomadas, o que deixa nosso corpo físico e espiritual bem mais fortes para enfrentarmos as adversidades do dia a dia, pois absorvemos essas forças junto com as energias geradas naturalmente nesses locais.

Podemos realizar medicinas em vários ambientes: nas águas, utilizando de sua energia e retirando todo miasma negativo da pessoa e ao mesmo tempo positivando; ao redor de uma fogueira, eliminando as energias negativas e positivando a pessoa; na mata ou floresta, centralizando e energizando a pessoa, suavizando o campo mental e purificando os sentidos; ao ar livre, trazendo a libertação do espírito, retirando a negatividade corporal e deixando a pessoa mais leve; na lama ou na terra, retirando desequilíbrio mental e trazendo concentração, fortalecendo-a.

Todas as medicinas têm de ter o acompanhamento de pessoa qualificada para realizá-las; assim, a mesma terá bom êxito e a pessoa que a estará recebendo se sentirá forte, purificada e centralizada. Aprender a fazê-las faz parte do cotidiano de todos; não substitui a prática, mas sim ajuda a entender o que está sendo feito e traz a libertação espiritual e o autoconhecimento, retirando do nosso íntimo o medo, dogmas ou até mesmo certos preconceitos que temos em relação à espiritualidade. Faz com que deixemos de duvidar do espiritual e aprendamos o que é certo ou errado para amanhã e a não jogar a culpa no próximo por não termos aquilo que desejamos. Aprender nos faz enxergar quão grandioso é o plano espiritual em nossas vidas, em que muitas vezes deixamos de usufruir desse poder por não ter o conhecimento necessário.

O local de entrega de Ebó: Okunrin orí ita.

Capítulo 6

Parte I – Cantigas e Rezas

O que significa adúrà? A palavra adúrà vem do yorubá e significa reza, prece ou oração. Essas adúrà ou orações têm por finalidade invocar os Òrìṣà e também solicitar ajuda para os problemas do dia a dia.

É isto! A adúrà é a reza ou oração própria do Òrìṣà que não pode ser mexida, enquanto o Òrikí é a palavra expressada de forma intimista com o Òrìṣà, podendo ser modificada dependendo da ocasião em que for dita.

Cantigas:

A música ou cantigas do Xirê (Siré Òrìṣà) no culto do Candomblé é um dos ritos mais importantes, pois a música é o elo entre os Orisás e seus filhos. Como em tudo, o Xirê ou Siré tem também o seu preceito e existe não só uma ordem a respeitar para convocar os Òrìṣà, como existem palavras e saudações específicas que devem ser ditas para que a invocação dos Òrìṣà para o Xirê seja correta. Colocaremos aqui, em yorubá, a ordem e as palavras básicas de um Xirê, para que, além da música, nossos leitores possam também aprender ou reconhecer esses dizeres básicos, mas obrigatórios. Como em todos os rituais do Candomblé, o primeiro a ser convocado é Esú.

O som é a primeira relação que qualquer ser tem com o mundo, desde sua concepção. Abre canais de comunicação entre os seres. Além de atingir os sentimentos mais primitivos, a música atua como elemento ordenador, que organiza a pessoa internamente. Quando de sua criação, era usada para conectar o homem ao seu eu interior e fazer a junção Universo-ser humano. Até hoje ela é responsável pela criação dos mais diversos sentimentos e sentidos. Os sons são o condutor da energia do a̧ṣé do Òrìṣà, a junção do couro e da madeira; vibrando, trazem os Òrìṣà para o ato da incorporação ou até mesmo apenas para a irradiação; são sinfonias sem partitura, uma junção de sons que despertam a energia mais pura e linda da espiritualidade.

O atabaque é um dos principais instrumentos da música do Candomblé, da Umbanda e de segmentos que utilizem de seus sons para atos, cuja execução é da responsabilidade dos tocadores (Ogan/mestre).

Não podemos afirmar com clareza que a África foi o berço de nascimento dos atabaques, pois consta que os povos do Egito foram os primeiros a utilizarem tambores (pesquisado no Antigo Testamento). O I Livro de Macabeus 9:39 cita nome de tambores, instrumentos de mesma origem, os quais se infiltraram e se instalaram na África há mais de 5 mil anos, uma vez que consta no Antigo Testamento. Mas não se sabe ao certo quem inventou ou criou esse instrumento musical hoje muito usado nos cultos e ritos como verdadeiro instrumento que fala.

O nome se originou do termo árabe *al-Tabaq*, que significa prato; são usados em quase todos rituais típicos do Candomblé. O atabaque maior tem o nome de Rum, o segundo tem o nome de Rumpi e o menor tem o nome de Le (Candomblé).

Os atabaques no culto são objetos sagrados e devem ser respeitados como tal; têm suas obrigações renovadas anualmente no Asé, variando de casa para casa.

Os atabaques são encourados com a pele dos animais sacrificados nos ritos aos Òrìṣà, diferentemente da cerimônia que é feita para consagração destes quando o couro é comprado em lojas ou mercados de pele; somente depois de passar pelos rituais é que poderão ser usados na casa de aṣé.

Os atabaques do Candomblé devem ser tocados pelo Alagbê (nação Ketu), Xicarangoma (nações Angola e Congo) e Runtó (nação Jeje), que é o responsável pelo Rum (o atabaque maior), e pelos outros Ogãs nos atabaques menores.

É o Alagbê que começa o toque. É por seu desempenho no Rum que o Òrìṣà vai executar sua trajetória da dança, sempre acompanhando o floreio do Rum que o faz gingar e parecer que está flutuando pelo ar de tão lindo.

O Rum é quem comanda o Rumpi e o Le.

O agogô também tem seu papel quando tocado para marcar o compasso do toque de Candomblé; na tradição Alaketo, chama-se Gan. As varetas utilizadas nos atabaques, muitas vezes feitas de galhos de goiabeira, chamam-se Aguidavi. Também se utiliza o Xequerê. Vários instrumentos reunidos que dão um toque totalmente especial ao som são ouvidos pelos adeptos e pelos Òrìṣà.

Nomes dos Toques dos Òrìṣà na Nação Ketu:

ADABI – Bater para nascer é seu significado. Ritmo dedicado a Esú.

ADARRUM – Ritmo invocatório de todos os Òrìṣà. Rápido, forte e contínuo, marcado com o Agôgô. Pode ser acompanhado de canto especialmente para Ògún.

AGUERE – Em yorubá significa "lentidão". Ritmo dedicado a Osòóssi, e com compasso mais rápido para Iansã. Quando executado para Iansã, é chamado de quebra-prato por alguns.

ALUJÁ – Significa orifício ou perfuração. Toque rápido com características guerreiras. É dedicado a Sàngó.

BRAVUM – Dedicado a Òsúnmaré. Ritmo marcado por golpes fortes do Run.

HUNTÓ ou RUNTÓ – Ritmo de origem Fon executado para Òsunmaré. Pode ser executado com cânticos para Ọbalúwayè e Sàngó.

IGBIN – Significa Caracol. Execução lenta com batidas fortes. Descreve a viagem de um Ancião. É dedicada a Osòólufon.

IJESA – Ritmo cadenciado tocado só com as mãos. É dedicado a Òsún quando sua execução é só instrumental.

ILU – Termo da língua yorubá, que também significa atabaque ou tambor.

BATA – Significa tambor para culto de Èégun e Sàngó. Ritmo cadenciado especialmente para Sàngó. Pode ser tocado para outros Òrìṣà. Tocado com as mãos.

KORIN-EWE – Originário de Irawo, cidade onde é cultuado Òsanyìn na Nigéria. O seu significado é Canção das Folhas.

OGUELE – Ritmo atribuído a Obá. Executado com cânticos para Ewá.

OPANIJE – Dedicado a Ọbalúwayè, Onilé e Xapanã. Com compasso lento marcado por batidas fortes do Run. Significa o que mata e come.

SATÓ – A sua execução lembra o ritmo Batá, com um andamento mais rápido e marcado pelas batidas do Run. Dedicado a Òsúnmaré ou Nàná. Significa a manifestação de algo sagrado.

TONIBOBÉ – Pedir e adorar com justiça é o seu significado. Tocado para Sàngó.

Cantigas para serem utilizadas na medicina:

Cantiga de Ebó

SARAIEIE BOCUNUM

SARAIEIE BOCUNUM

Cantiga para mandar embora força negativa:

EBO BERULO ORISÁ

COJUMADE EBO (ESÚ, EGUM OU O ORISÁ)

E DE MOJE BERULO

Cantiga para acalmar uma situação:

ERE MO ERE MO KEXU

ERE MO ERE MO KEXU (CAMINHOS ABERTOS, PROSPERIDADE, ECT.)

EWO ESÚ OU EGUM QUE CUENDA FÁ

Reza para saudar todos os Òrìṣà:

PAÓ MOJUGBÁ, PAÓ MOJUGBÁ INO.

PAÓ MOJUGBÁ, PAÓ MOJUGBÁ ÒRUN.

PAÓ MOJUGBÁ, PAÓ MOJUGBÁ ÀIYÉ.

PAÓ MOJUGBÁ, PAÓ MOJUGBÁ OLOKUN.

ONIRE A ESÚ A CORO MOJUGBÁ ONÃ.

Depois de falar três vezes esta frase, falar o nome do Òrìṣà.

No lugar de Esú, colocar o Òrìṣà ao qual você quer fazer a saudação.

Capítulo 7

Parte 1 – O Jogo de Cebola (Alubasá)

Quando fazemos algo direcionado ao plano espiritual ou divino, em primeiro lugar devemos fazer consultas por meio de um oráculo, para saber a real necessidade de se fazer uma oferenda ou apenas para saber se estamos bem. Se necessitarmos do divino (dos Òrìṣà), esta é a forma mais rápida, prática e simples de comunicação pelo oráculo, seja ele qual for, mas devemos sempre ter o hábito da comunicação. Em meio a tudo isso muitas questões surgem em nossas cabeças, e a forma como vamos fazê-las também pode ter grande influência em nosso dia a dia. Vejamos algumas das perguntas: será que elas estão sendo feitas de forma correta? O problema pode ser resolvido por eles?

O caminho para resolver é a pessoa que procuramos? Qual o processo ou elemento adequado? Essa energia será suficiente na minha vida?

Veja quantas perguntas surgem em um universo que abrange também muitas respostas. Quando iniciamos uma consulta ao sagrado, fazemos a pergunta e recebemos a resposta, seja ela favorável ou não. Sendo favorável daremos prosseguimento ao que será necessário; no final do que foi feito se faz nova confirmação. Essa é a mais complicada porque vai dizer se o que foi realizado foi ou não aceito. Se der negativa então temos de buscar ali mesmo novas instruções. Pode ser para fazer tudo de novo (e temos de saber a causa), pode ser que temos de complementar com mais alguma coisa ou apenas colocar mais das coisas que já foram colocadas. Uma pessoa errada que participou, uma forma errada, pode colocar tudo a perder. Se confirmarmos no início, não vai haver erro com os materiais, mas a condução, as pessoas, o seu coração e seus pensamentos só aparecem durante.

Neste caso vamos entender o oráculo.

Este é um dos mais curiosos oráculos; muitos dizem que não existe e outros acreditam piamente nele. Realizado com uma simples cebola, é um oráculo simples para respostas rápidas (sim ou não).

Material necessário:

Defumador (Mãe Maria)

1 vela branca

Cuia ou terrina com água

1 ramo de galho verde (arruda).

Pano branco ou prato de louça

Cebolas que caibam perfeitas na palma da mão.

1 faca

O jogo é realizado com o defumador aceso para queimar as energias ruins, de folhas de fumo, vela branca ou uma cuia com água e um ramo de arruda.

Abre-se um pano branco sobre o chão ou coloca-se o prato branco; corta-se uma cebola ao meio com uma faca virgem ou utilizada em ritos da sua casa de asé. E, somente depois de formular a pergunta, jogam-se os dois pedaços da cebola no pano branco.

Conforme as duas metades caem, as perguntas vão sendo feitas.

As perguntas não devem ser feitas em voz alta o que pretende saber; imagina-se a pergunta e se faz para obter a resposta.

A interpretação na queda da cebola é a seguinte:

"SIM" = Quando caem as duas partes abertas para cima.

"NÃO" = Quando caem as duas partes abertas para baixo.

"TALVEZ" = Quando cai uma parte aberta para cima e a outra (fechada) cai para baixo.

O direito de jogar desta maneira é uma só jogada.

Em caso de dúvida, repete-se o jogo, mas as dúvidas só podem existir no caso de talvez, mas com outra cebola; não se pode utilizar a mesma cebola da jogada anterior.

Como em todo culto ou ritual, exigem-se bastante concentração, silêncio, respeito e limpeza corporal dos participantes.

Observação: Para cada nova consulta deve-se repetir o ritual e usar sempre uma nova cebola. Todas as cebolas usadas no jogo devem posteriormente ser oferecidas em área de mata para Osòóssi e Òsanyìn. Em nenhuma hipótese devem ser consumidas por pessoas ou animais.

Devemos ter respeito pelos materiais sagrados; não importa o tipo de oráculo, ele deve ser respeitado, pois, se alguém ou alguma coisa está respondendo, isso é oráculo. E merece nossos respeitos. Aṣé em seus caminhos.

Parte II – As Comidas na Medicina dos Òrìṣà

As comidas de rituais são as comidas específicas para cada Òrìṣà, as quais, para serem preparadas, são submetidas a um processo exclusivo nas casas de aṣé. Esses alimentos, depois de prontos, são oferecidos aos Òrìṣà acompanhados de rezas e cantigas. Durante as festas ou no final das mesmas, são distribuídos para todos os presentes e assim todos poderão usufruir da graça do Òrìṣà. São chamadas comidas de aṣé aquelas oferecidas também nos Ebós ou trabalhos feitos para alguma finalidade na vida do filho de santo ou consulente. Vamos aprender agora como preparar as comidas.

Como preparar o acaçá

Acaçá é uma comida ritual do Candomblé e da culinária baiana. Feito com milho branco ou milho vermelho.

Ingredientes da receita de acaçá:

½ quilo de farinha de milho branco ou amarelo deixado de molho em água

1 litro de água

Folhas de bananeira

Modo de preparo:

Deixe por 15 minutos de molho na água para descansar e crescer.

Leve ao fogo, mexendo bem até engrossar.

Se engrossar demais e a farinha de milho ainda estiver dura, vá acrescentando água.

Separe pequenas porções e faça pacotinhos com pedaços de folha de bananeira previamente passados pela chama do fogo.

(A cor da farinha dependerá para qual finalidade será usado.)

Outra forma de acaçá

O acaçá feito diretamente com o milho deve ser feito da seguinte forma:

Escolha o milho e, após ficar de molho em água de um dia para o outro, deve ser moído em um moinho. Forma-se uma massa que deverá ser cozida em uma panela com água. Não pare de mexer, pois a massa irá grudar no fundo da panela, até ficar no ponto. O ponto de cozimento pode ser visto quando a massa começar a brilhar, desgrudando do fundo. Ainda quente essa massa deve ser embrulhada, em folha de bananeira previamente limpa, passada no fogo e cortada em tamanho ideal e igual para que todos fiquem do mesmo tamanho. Coloca-se a folha na palma da mão esquerda e nela a massa. Com o dedo polegar, dobra-se a primeira ponta da folha sobre a massa e a outra por cima. Virando para baixo, faz o mesmo do outro lado. O formato que vai ficar é de uma pirâmide. Existem pessoas que fazem um chapeuzinho com a folha de bananeira e enchem ele com a massa fechando seu fundo, unindo as folhas de bananeira e virando para baixo.

Como preparar o Ekuru

Ekuru é uma comida também ritualística, sendo oferecida a vários orisá; a massa é preparada da mesma forma que a massa do acarajé, feijão fradinho ou fradão sem casca, o qual deve ser triturado formando uma pasta. Deixou-se também a massa de molho para crescer. Depois de uma hora, bater bastante com uma colher de pau e enrolar também em folhas de bananeira como o acaçá, e este será cozido no vapor. Deve ser servido sem ser retirado da folha.

Como preparar Acarajé

Acarajé é uma comida servida ao Òrìṣà Òyá/Iansã, mas outros Òrìṣà como Sàngó, Ayrá também se deliciam desta maravilha. O acarajé é feito com feijão fradinho/fradão, que deve ser partido em um moinho em pedaços grandes e colocado de molho em água para soltar a casca. Após retirar toda a casca, passe novamente no moinho, desta vez devendo ficar uma massa bem fina. Nessa massa, acrescentam-se cebola ralada e um pouco de sal, pimenta a gosto para que fique bem temperadinha. O segredo para o acarajé ficar macio é o tempo que se bate a massa: quanto mais você bater, mais fofa fica. Quando a massa estiver no ponto, ela fica com a aparência de espuma. Para fritar, use uma panela funda com bastante azeite de dendê. Não se pode fritar em fogo alto, pois fica cru por dentro.

Como preparar o Deburu

Deburu (pipoca) é a comida ritual do ÒrìṣàỌbalúwayè, mas o Òrìṣà Ògún também aprecia. Essa comida é o milho de pipoca estourado em uma panela, de preferência de ferro, com areia. Depois de peneirar a areia, essa pipoca é colocada em um alguidar ou travessa (de barro) e enfeitada com tiras de coco.

A pipoca (deburu) com óleo normal (vegetal) é ótima para abertura de caminho, também serve para os ancestrais e para o Òrìṣà Ògún.

A pipoca no dendê serve para tirar macumba feita por pessoas próximas.

Como preparar o Ado

Ado é uma comida feita de milho vermelho torrado e moído em moinho e temperado com azeite de dendê e mel; é oferecido principalmente ao Òrìṣà Òsún.

Como preparar o Amalá

Amalá é uma comida do Òrìṣà Sàngó. É feita com quiabo cortado, cebola ralada, pó de camarão, sal, azeite de dendê ou azeite doce, podendo ser feita de várias maneiras. O Amalá é oferecido em uma gamela forrada com massa de acaçá.

Como preparar o Asosó

Asosó é uma comida do Òrìṣà Osòóssi; milho de galinha cozido, refogado com cebola ralada, pó de camarão, sal, azeite de dendê, enfeitado com fatias de coco sem casca e em tiras.

Como preparar Ómólukun

Ómólukun é uma comida do Òrìṣà Òsún, feita com feijão fradinho cozido, refogado com cebola ralada, pó de camarão e camarão, sal, azeite de dendê ou azeite de oliva. É enfeitado com camarões inteiros e ovos cozidos inteiros sem casca. Normalmente são colocados cinco ou oito ovos, mas essa quantidade pode mudar de acordo com cada obrigação.

Como preparar Abará

Abará é um prato servido também na culinária baiana e, como o acarajé, também faz parte do ritual do Candomblé. A preparação é idêntica à do acarajé e do Ekuru.

Como preparar Caruru

Caruru é um prato servido também na culinária baiana. É preparado com quiabo cortado em rodelas, cebola ralada ou batida, pó de camarão, sal, azeite de dendê, castanha-de-caju torrada e moída, amendoim torrado, sem casca e moído.

Preparação: em uma panela coloque azeite de dendê, a cebola e o sal; refogue um pouco e, em seguida, coloque o quiabo cortado. Coloque um pouco de água e deixe cozinhar; quando estiver cozido, coloque aos poucos a castanha e o amendoim, acrescentando um pouco mais de dendê. Depois de pronto, é colocado em uma gamela.

Como preparar as farofas

Material necessário: farinha de mandioca, azeite de dendê, mel de abelha, aguardente, água.

Modo de preparar:

Mi-Ami-Mi Pupá: é a farofa de dendê (farinha de mandioca misturada com azeite de dendê).

Mi-Ami-Mi Òmin é a farofa de água (farinha de mandioca misturada com água).

Mi-Ami-Mi Màraiyó é a farofa de mel (farinha de mandioca misturada com mel).

Mi-Ami-Mi Òtí é a farofa de pinga (farinha de mandioca misturada apenas com aguardente ou gin ou vodca).

As farofas não são levadas ao fogo; elas são feitas em uma bacia, sendo apenas colocados a farinha e o ingrediente que irá acompanhar (dendê ou pinga, etc.). O segredo é colocar a quantidade certa de cada ingrediente e o passar das mãos para distribuir e misturar bem, aproveitando o aquecimento das mãos.

Capítulo 8

Parte I – Influência de Esú na Medicina

Esú, o senhor do Ebó

Não se pode negar a importância de Esú como mensageiro entre os homens e as divindades. Mas muito mais do que isso, Esú é símbolo do "elemento criado", da mesma matéria que Olódùmaré criou o ser humano: a lama.

Um tema polêmico e confuso é a diferença que existe entre Esú do Candomblé e as entidades que têm o mesmo nome, as que incorporam nos terreiros de Umbanda. Mesmo os mais velhos de santo divergem quanto à origem de tais entidades.

As entidades que incorporam nos terreiros de Umbanda estão ligadas à Ancestralidade Feminina, ou seja, são ligadas a Ìyàmi Òsórongá.

Se os Exus de Umbanda tiveram vida na Terra, são Èégun (ancestrais); portanto, não gostariam de receber dendê em suas oferendas, já que dendê espanta Egun. Então quem ficaria com essa parte da oferenda que não lhes agrada?

Continuando a reflexão, quem fica com essa parte da oferenda (padê de dendê) é o Esú Bara, ficando a entidade Exu com o que é de seu agrado: cachaça, charuto, fósforo...

Esú no Candomblé está diretamente ligado a Òrúnmilá, o sistema de divinação sagrada de Ifá. E deve ser tratado com o máximo de respeito e com oferendas propícias.

Falaremos dos contos (Itón) que relatam 16 atributos que ligam Esú a Òrúnmilá:

Devemos lembrar que Esú é o grande intercessor das encruzilhadas de três caminhos, onde tudo acontece e se faz cumprir.

Com o Ile de Esú não poderia ser diferente. Devemos ter o mesmo respeito, pois esse local sagrado tem a mesma representatividade da encruzilhada, onde devemos ter uma visão mais ampla, clara e sábia, evitando certas atitudes, falação e preconceitos, que prejudicam a nossa relação com Esú. Com tudo isso que foi dito até agora de Esú, podemos ver a importância dele dentro da medicina. Exu é que vai fazer o papel de transportador de força ou até mesmo de Guardião do Aṣé.

Esú

Na teologia yorubá, Esú é descrito com um caráter tão versátil que devemos ser cautelosos a respeito do que se fala sobre ele. Tem sido frequentemente chamado por alguns de diabo ou de satanás, nomes inclusive que no yorubá nem existem, e sim no Cristianismo.

Obviamente Esú não é o DIABO, aquele com rabo, chifre e um garfo, que tem o poder maléfico, o opositor da salvação. Por outro lado, estaria correto compará-lo com satã (Bíblia), onde satã é um dos ministros de Deus e tem o trabalho de testar a boa-fé do homem, colocando em prova sua devoção e atos. O que podemos deixar claro sobre Esú é que ele faz o intercâmbio entre o céu e a terra, inspecionando as más e boas intenções do ser humano, levando até os Òrìṣà os pedidos e realizando o que Olódùmaré consentir. O Bàbálawó usualmente tem o ponto de vista que Esú foi criado para ser a divindade que ocupa o lado direito de Òrúnmilá. É seu dever transmitir informações e os acontecimentos para Olódùmaré, estando sempre atento e agindo sob suas ordens. Òrúnmilá tem a incumbência de ouvir Olódùmaré e realizar sua vontade perante o mundo. Porém, quando a citação de Òrúnmilá não for considerada, é dever de Esú fazer com que se cumpra, mesmo que para isso tenha de causar alguma catástrofe para punir os que não ouvem os ensinamentos de Olódùmaré. Esú é certamente um Òrìṣà e não pode estar em posição de subordinação a qualquer um; ele faz os presságios de Olódùmaré realizarem-se. Os Itón mostram existir uma ligação entre Esú e Òrúnmilá.

Esú é o incumbido de inspecionar os atos de adoração e sacrifícios. Mesmo com toda ligação entre os dois, quando Esú faz algo que deixa o ser humano em maus lençóis, Òrúnmilá tem a permissão de ensinar como se safar da situação, não ocorrendo nenhuma briga nem deixando questões pendentes entre os dois. Por isso, onde houver o culto a Òrúnmilá, o de Esú é também organizado. Ambos trabalham em comunhão. Esú é reconhecido como Oseturá (aprovação e Guardião dos sacrifícios).

Se forem analisar as lendas, é Òrúnmilá quem está sempre às voltas com as armadilhas de Esú.

É de conhecimento de algumas pessoas que Esú pode estragar os trabalhos de Òrúnmilá, quando encontra motivos para fazê-lo. Em uma ocasião as divindades conspiraram contra Òrúnmilá e o deixou perante Olódùmaré. Esú foi quem o defendeu e cuja submissão Olódùmaré aceitou.

A posição dos yorubás perante Esú é geralmente de temor. Na verdade, ele é temido até pelas divindades. Isso ocorre em virtude de suas funcionalidades.

Ele tem o poder da vida e da morte sobre todos, e o da transformação. Por isso, procurem estar de bom acordo com Esú. Nós ouvimos o aviso:

BI Á BÁ RÚBO, KI Á MÚ T'ESÚ KURÓ

"Quando são oferecidos sacrifícios, a parte que pertence a Esú deve ser separada para ele."

Exemplo:

Sempre ofereça a Esú uma comida de seu agrado:

Faça três farofas (padê): mel, cachaça e dendê, e ponha nos pés do assentamento de Esú. Cubra Esú todo com Owají, jogue bastante dendê, mel, gin, para Esú trazer riqueza. Deixe descansar por três horas e rale uma fava de aridan em cima do assentamento. Prepare miúdos de frango (miúdos de frango temperado com cebola, dendê e sal) e ofereça a Esú. Quando for limpar Esú, limpe com água de Owají.

Esú o jíré ó?

(Esú, você amanheceu bem?)

Temos vários motivos para acreditar e temer Esú, um deles é por Esú ser o dono das confusões, articulador, manipulador e muitos mais adjetivos envolvendo este Òrìṣà cheio de atributos. Com suas artimanhas pode transformar amigos em inimigos, causar desavenças entre casais. Existem muitas lendas que o demonstram como o grande trapaceiro. Vamos ver uma delas?

Esú, o mercador de Filá

Certo homem tinha duas lindas esposas, as quais ele amava igualmente, e que estavam no melhor dos termos. Tão pacífica era a casa onde eles viviam que se tornou para seus vizinhos modelo de harmonia conjugal e familiar. As pessoas achavam que nada poderia perturbar as felizes relações que existiam entre eles. Esú soube disso e achou engraçado. Assim, ele esquematizou uma armadilha para eles de modo astuto e usual. Fez um Filá muito bonito, transformou-se em um comerciante e colocou-o à venda no mercado, tendo cuidado, porém, em não vendê-lo a ninguém, até aparecer uma das duas esposas para comprá-lo. Uma delas, ao visualizar o Filá, imediatamente o adquiriu e alegremente o levou para presentear o marido. Este, ao receber o belo presente, ficou tão agradavelmente surpreso que, inconscientemente, demonstrou sua apreciação e gratidão de um modo que tornou a outra esposa desconfiada e ciumenta.

Porém, ela nada falou. Aguardou apreensivamente, com inquietação crescente, o próximo dia de feira. Quando o dia chegou, ela foi bem cedo ao mercado em busca de um presente, um bem melhor, a qualquer custo, para seu marido. E lá estava Esú! Esperava-a com outro Filá, que, comparado com o primeiro, engrandecia-a de graça e beleza.

Triunfantemente, a segunda esposa comprou este novo Filá, levou-o para casa e deu ao marido. O efeito foi mágico, tornando-a assim a preferida do marido. Do jeito que Esú queria, o palco estava armado para rivalidade aguçada entre as duas esposas, cada uma empenhando-se para sobrepujar a outra no perigoso jogo de ganhar o amor do marido. Esú vinha em auxílio de cada uma, na sua vez do jogo, e o humor do marido balançava da direita para a esquerda com a chegada de presentes cada vez mais bonitos. Quando Esú ficou satisfeito e as peças tinham sido bem colocadas como um quebra-cabeça, e a desastrosa explosão inevitavelmente ocorreria, ele repentinamente deixou de ir ao mercado. A próxima esposa, em visita à feira, ficou frustrada, não encontrando mais o "tal comerciante". Voltou para casa em grande fúria.

Sendo assim, o objetivo de Esú em desarmonizar aquela família no que estivera preparando com grande malícia por fim foi alcançado, ocorrendo então uma grande tragédia. Esú é detentor do descontrole, não parece óbvio? Esú parece possuir um poder que só Olódùmaré para contê-lo.

Vamos ver outro conto?

Certa vez Sàngó dizia, gabando-se, que não havia nenhum Òrìṣà que ele não pudesse dominar.

Esú logo o desafiou:

– Isto inclui a mim?

Sàngó imediatamente replicou, desculpando-se:

– Mas por quê? Certamente você não poderia ter sido incluído!

Em outra ocasião, dessa vez com Òrúnmilá, Esú mostrou ter ficado indignado.

Por não ter sido consultado em relação à compra de um escravo, Esú, numa noite, acabou estrangulando o pobre escravo!

Frequentemente se escuta a expressão:

Esú òtá Òrìṣà
(Esú, o adversário dos Òrìṣà)

Há um incontestável fator de maldade em Esú, e por essa razão ele tem sido predominantemente associado a esse contexto. Há quem diga que a grande arma de Esú neste mundo é criar emboscadas e situações difíceis de sair, mas, mesmo assim, não podemos associá-lo ao demônio, diabo, satanás do Cristianismo. O que podemos presumir da nossa história é que Esú vem para criar situações nas quais nossa fé e nossas crenças são avaliadas todos os dias, e somos testados a cada minuto para ver onde podemos chegar e se somos pessoas corrompidas pelo poder que parece incontrolável. Digo mais: que Esú não é a encarnação do mal nem o opositor de Olódùmaré. Quando uma pessoa comete alguma façanha que resulta em aborrecimento ou prejuízo para si ou seu vizinho, o yorubá imediatamente diz:

Esú i'o ti i

Esú i'o nsé é

Esú é quem o agitou.

Esú é quem o movimenta.

Temos sempre de manter Esú ao nosso lado como aliado, fazendo nossas oferendas e agradando sempre em primeiro lugar, para que a entidade fique satisfeita e não seja nossa inimiga. Para isto vamos falar e também entender seu assentamento e culto.

No próximo capítulo, vamos entrar no assunto "assentamento ou firmeza", para que possamos trabalhar as magias e seus poderes junto a Esú.

Capítulo 9

Parte I – Firmeza ou Assentamento

Neste capítulo, iremos abordar o tema firmeza ou assentamento. O que poderíamos falar sobre firmeza? Onde e quando poderíamos utilizá-la? Firmeza é o mesmo que assentamento?

A firmeza seria a união de elementos com a intenção de concentrar ou potencializar uma energia com alguma finalidade. Por exemplo, pode ser feita ao redor de um assentamento ou independentemente dele. Quando acendemos uma vela com algum propósito e não temos o assentamento, colocamos nossa fé e nossa energia, o que também poderá ser considerado uma firmeza, pois temos a intenção de nos conectar ao sagrado. Quando realizamos uma firmeza para um santo ou para um guia, queremos proporcionar um elo, colocando nossos desejos e pedidos de ajuda para que tenhamos mais força para alcançar o propósito e assim facilitar a atuação espiritual, pois nós, seres humanos, somos visuais e acreditamos naquilo que vemos. Para simplificar, tudo isso seria nosso ponto de fé.

A firmeza não é o mesmo que assentamento, pois utilizamos poucos recursos para obtê-la.

Um assentamento cria uma conexão forte entre a pessoa e a espiritualidade em um ponto de força onde quer que esteja, no seu terreiro ou no local em que você desejar colocá-lo.

Enquanto uma firmeza cria um elo, dando à espiritualidade um pouco mais de segurança para reagir em benefício das pessoas que buscam seu auxílio, um assentamento pode ser montado de várias formas, dependendo de cada casa de aṣé, pois cada um segue uma doutrina ou um padrão muitas vezes imposto por seus mais velhos.

Na firmeza podemos apenas focar em um local para o ritual, concentramos nossa fé e sabemos que ali é o nosso ponto de força. Um assentamento pode ser algo definitivo, mesmo ocorrendo em algumas casas o abandono por parte de seguidores ou discípulos quando deixam de frequentar suas casas de nascimento de aṣé, enquanto a firmeza pode ser passageira e você poderá fixar sua força em outro local.

Um assentamento deve ser cuidado e alimentado periodicamente; ter uma pessoa incumbida de fazê-lo, a qual deverá saber quais elementos utilizará para tal questão. Na firmeza podemos utilizar velas, incensos, perfumes, frutas, sempre que acharmos necessário, dependendo também de cada pessoa e o que será desejado para utilizar em cada ocasião. Para o assentamento devemos estipular um dia definido na semana para cuidar e alimentar o sagrado. Já para a firmeza, deve-se iluminar e cuidar sempre que for feito um novo pedido à entidade ali devotada.

Assentamento e firmeza são quase a mesma coisa, sendo a segunda uma forma simplificada da primeira, mas com as mesmas funções: proteger, amparar e conectar ao sagrado.

Vamos ver agora uma forma de assentamento de Exu.

Material necessário para o assentamento:

7 punhais

7 vinténs

Terra de sete encruzilhadas

Pó de carvão

Pó de enxofre

Pólvora

Folha de guiné cabocla

7 garras de Exu

7 olhos de Exu

7 unhas-de-gato (árvore)

1 panela de ferro ou alguidar

1 ferro tridente em pé saindo

1 corrente velha

1 imagem do Exu de sua preferência

Modo de assentar:

Coloque o ferro (tridente) de Exu dentro da panela de ferro ou alguidar, os sete punhais, sete vinténs e a corrente; ponha álcool em tudo e coloque fogo. Conforme o fogo vai queimando, jogue punhados de pólvora intercalada com punhados de pó de enxofre, chamando o nome do Exu em questão. Terminando as labaredas, arrume por cima de tudo que está na base do ferro o seguinte material: folha de guiné caboclo, terra de sete encruzilhadas, sete garras de Exu, sete olhos de Exu, sete unhas-de-gato. Faça um buraco na base da imagem de Exu e coloque um pouco da massa feita com terra de encruzilhadas, depois de queimadas e deixe no centro da panela ou alguidar. Lavar sempre esse assentamento com gin ou vodca.

Durante o processo de assentamento, cante sempre uma cantiga do Exu em questão.

Cantiga

Exu Tranca-Rua:

O luar, o luar, o luar

Ele é dono da rua

Quem cometeu as suas falhas

Peça perdão a Tranca-Rua

O luar, o luar, o luar

Quanto sangue derramado, o luar

Em cima do frio o chão

Quem cometeu as suas falhas

Peça perdão a Tranca-Rua

Ó como é triste a gente amar alguém

E esse alguém não amar ninguém

Eu adoro o sol, eu adoro a lua

Na encruzilhada eu adoro o Tranca-Rua

      Saudação a Exu:

      Laroyé Saravá Exu!

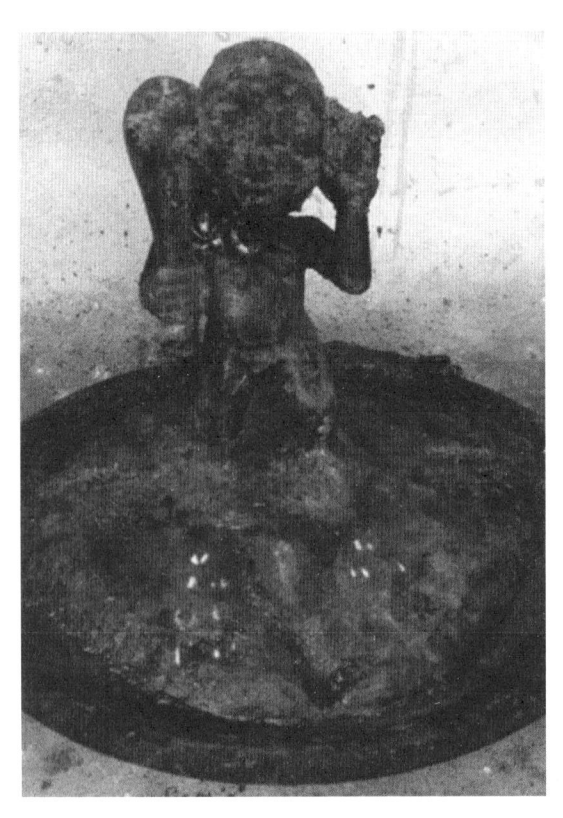

Parte II – A influência de Pombagira na Medicina

Com a mudança dos tempos e dos hábitos, muitas coisas sofreram forte tendência, mas muitas continuaram da mesma forma. Nesta parte vamos abordar as mudanças que o ser humano deveria ter sofrido, mas que pouco se alterou. Temos de começar a mudar nossos conceitos de Exu e Pombagira. Devemos enxergar e atentar a certos assuntos, entender que nem tudo é como aprendemos, que no passado muito se perdeu, ou por não ser explicado como deveria ou até mesmo por ter sido compreendido de forma errônea. Vamos, a partir de agora, ver Exu e Pombagira como realmente devem ser vistos, obedecendo sempre uma hierarquia de chegada ou de movimentação espiritual.

Não podemos de forma nenhuma ver as Pombagiras como lixo, tampouco mulher de zona como algumas pessoas comentam. Devemos enxergá-las como mulheres que fazem um trabalho enorme em benefício da sociedade, e muitas vezes pouco reconhecido. Precisamos entender que esse é um trabalho espiritual como o das formiguinhas, realizado em comunhão e união para mudar o destino e o carma de muitos.

Para que esse trabalho aconteça, tanto Exu quanto Pombagira necessitam muito de nosso equilíbrio e de nossa energia. Por isso sempre batemos na mesma tecla de que, se seu Ori estiver alinhado, suas entidades poderão incorporar com mais facilidade e interagir com você perfeitamente sem ter de estar se retorcendo nem andando num pé só, e muito menos se estrebuchando como vemos em muitos lugares e ocasiões. Aquele Exu que já tivemos a oportunidade de ver, que vem rosnando e babando, causa medo e temor em muitas pessoas, e Exu não é isso. Muito menos a Pombagira que vem causando, insinuando-se aos homens e deixando um ar de repúdio entre os membros do aṣẹ, ao fazer com que as pessoas se sintam inseguras achando que ali não tem entidade, e sim a vontade do médium de atrair a atenção. Por isso temos de sempre estar nos preparando, com banhos, e nos organizando espiritualmente; o equilíbrio é fundamental e não devemos confundir as coisas nem situações. Quando você estiver sentindo ódio, rancor, raiva, deve ter bons pensamentos e pedir a Exu e Pombagira que tragam pensamentos e sentimentos bons, como amor, paz, equilíbrio, para que dessa maneira você consiga se estruturar e afastar espíritos negativos que não fazem parte da sua evolução espiritual. Pombagira, para muitos, é um Exu do sexo feminino, uma entidade que trabalha na Umbanda, na Quimbanda, na magia e nas linhas de esquerda, trazendo o amor perdido, a sensualidade, o êxtase sexual, o vigor e a força de viver.

Podemos dizer que Exu é o lado masculino e Pombagira, o feminino, cada um com suas habilidades e conhecimentos. No entanto, mesmo se dividindo em duas partes ainda resta em cada um a parte do outro sexo com características e formas. Mesmo com tanta doçura existe a força, e com tanta força existe a doçura.

Pombagira é a detentora do poder feminino, da sedução, a força da reconstrução. Quem é regido por Pombagira tem este poder guardado dentro de si, basta saber ativá-lo e ser feliz. Amada por muitos e odiada por tantos, a pessoa precisará saber de qual lado estará.

Esse poder de Pombagira já fez com que muitas máscaras caíssem em terra, libertando as pessoas de falsos profetas conhecidos como zeladores, que usavam o nome dessas entidades para ganhar dinheiro ou até mesmo para desmoralizar a cultura afrodescendente.

Hoje em dia, com a evolução do conhecimento, as entidades estão muito mais sociáveis e se expressando de forma melhor, trazendo entendimento e discernimento aos médiuns quando incorporados. Eles conseguem se expressar da melhor forma, deixando o consulente mais tranquilo, e fazem com que sua mediunidade possa percorrer melhor e assim prover trabalhos com segurança. Mas ainda existe um trabalho muito grande a ser feito, pois as casas de aşé e terreiros devem se conscientizar disso e fazer um trabalho pesado com seus filhos de santo, pois ainda presenciamos discípulos (médiuns) que incorporam e saem bêbados, ou que não incorporam com propriedade e apenas sentem a irradiação. Podem ter certeza que isso não é coisa de iniciante, tampouco de pessoas velhas de casa, mas sim de pessoas sem preparação espiritual que acreditam em uma voz dentro de seu subconsciente dizendo o que deve ser feito, e não uma verdadeira incorporação.

Para que tenhamos uma incorporação correta, devemos buscar repostas dentro de nossas casas de aṣé ou procurar um zelador competente que possa nos orientar por meio de um oráculo ou giras para desenvolvimento. Para reafirmar esse contexto, temos jogos específicos para essas entidades, que não são o jogo de Búzios, mas sim o jogo de Quimbanda.

Abaixo podemos entender as várias classificações para essas divindades, e com isto nomear e ramificar cada uma delas dentro de elementos da natureza ou poder cósmico, chamado de Aṣé. Quando dizemos Pombagira das Sete Encruzilhadas, vemos que existem várias Sete; ou quando falamos de Maria, também encontramos muitas, mas cada uma trazendo sua origem e sua vida passada em seu nome:

- Pombagira das Sete Encruzilhadas;
- Pombagira das Sete Praias;
- Pombagira das Sete Coroas;
- Pombagira das Sete Saias;
- Pombagira Dama da Noite;
- Pombagira Maria Molambo;
- Pombagira Maria Padilha;
- Pombagira das Almas;
- Pombagira dos Sete Véus.

Reza de Pombagira ao fazer uma medicina:

Para acordar Pombagira, para colocar uma bebida na porteira, para roda, etc.

TOMALÁ ZÉKÚ ZÉKU

È À ZEKURIÁ

Para despachar Medicina:

MAVÍLE KONGO JÀ KOTAILÈ

RESP: MAVILÈ

(bis) – Ir cantando até acabar

Notamos que a reza é do culto de Angola, pois essas entidades têm enorme força nesse culto. Não desmerecemos os demais cultos, apenas apresentamos uma de suas origens.

A seguir, uma medicina com Maria Padilha para trazer abertura de caminhos.

Vamos aos itens:

1 farofa com camarão salgado

1 cebola ralada e frita no azeite de dendê

Rodelas de cebola

Rodelas de pimentão vermelho

Sete bifes passados no azeite de dendê

7 cigarros ou cigarrilhas

3 velas

1 caixa de fósforos

azeitonas pretas

7 rosás vermelhas

1 garrafa de champanhe ou licor

Como fazer:

Faça a farofa, coloque no alguidar e vá arrumando os demais itens em cima da farofa. Acenda as velas na frente do trabalho, coloque a bebida de preferência em uma taça, faça sua prece a Maria Padilha e faça seus pedidos. Não esqueça de borrifar um perfume de seu agrado nos ventos para chamar a energia de Pombagira.

Faça o pedido e coloque tudo na encruzilhada.

Invocação a Maria Padilha

Salve nossa Rainha da noite, salve nossa tão gloriosa Maria Padilha.

São 12 horas em ponto e o sino já bateu. Sei que nesta hora, pela força do vento a poeira vai subir, e com ela também subirá todo o mal que estiver no meu corpo, no meu caminho e na minha casa. Tudo se afastará da minha vida. É com a força e aşé de Maria Padilha que meus caminhos, a partir deste momento em que os ponteiros se separam, estarão livres de todos os males materiais e espirituais, pois a luz que clareia o caminho de Maria Padilha também há de clarear os meus caminhos. Senhora do fogo e das almas, guardai cada dia de minha vida, iluminai todo o caminho onde eu passar, cobri-me com vossa capa para que meus inimigos não me alcancem nem me toquem. Permiti que eu veja com vossos olhos todos os perigos iminentes e saiba me desvencilhar de todos. Que ao vosso lado eu seja vencedora, saudável e muito amada.

Dai-me vossa força para cumprir a minha missão nesta existência e assim me redimir de tudo.

Graciosa Maria Padilha, sede minha protetora, sede minha Guardiã.

Assim seja.

Medicina a Maria Molambo para abertura de caminhos

1 alguidar grande

Farofa de mel

7 sardinhas

Cebolas em rodela

Pimenta

Cachaça

Vinho

9 velas

Pano colorido, de preferência pano de chita

Esta oferenda deve ser feita no lixão. Arrumar o pano no chão e a farofa no alguidar, com os demais itens enfeitando; colocar um copo de cachaça e uma taça de vinho; acender as velas e fazer sua oração e pedidos.

Invocação a Maria Molambo[3]

Saravá respeitosamente à sua banda, saravá donos das encruzilhadas, cemitérios, caminhos, campos, matas, becos e lugares ocultos e perigosos do astral inferior, Senhores que habitam o liminar entre as trevas e a luz.

A vocês me dirijo solicitando abrir os meus caminhos, desatando o nó que amarra minha vida e atividades, deem-me sorte nos meus negócios.

Ajudem-me a conquistar ou conservar a mulher ou homem que desejo, afastando rivais ou causa que possa afastar de mim a pessoa de que tanto gosto.

Anulem a inveja, o ciúme, o mau-olhado e os trabalhos enfeitiçantes que porventura foram intentados contra mim.

Afastem as pedras de tropeços escorregadias que ocasionem quedas em meu caminho, sejam meus protetores de esquerda para haver perfeito equilíbrio com os Orisás de direita.

Defendam-me dos kiumbas, que procuram obsediar-me ou sugar-me a vitalidade como autênticos vampiros do mundo das sombras.

Ó sábios manipuladores da magia astral, utilizem em benefício deste(a) devoto(a) e protegido(a) na obtenção daquilo que pretendo, movimentando forças e falanges do mesmo plano vibratório para formação de energia poderosa em meu favor.

---

3. Fonte: <https://www.podermagico.com.br/2016/06/oracao-a-maria-mulambo.html>.

Peço que me designe um auxiliar de sua confiança, Pombagira Maria Molambo, para atender ao pedido particular que tenho a fazer (aguarde um minuto antes de fazer).

Ó Pombagira Maria Molambo, peço que [fazer seu pedido aqui]

Não duvido nem descreio que receberei de você o que lhe pedi graças à fé e à confiança em você depositada; com o seu poder mágico, através de forças ocultas, sei que trabalhará para conseguir o que lhe peço.

Com toda lealdade e presteza que lhe são próprios.

Em retribuição, prometo dar-lhe um presente que consiste em objeto ou coisas que você aprecia, e de conformidade com minhas posses.

Saravá, minha boa e gloriosa amiga.

Lidas as orações, que elas tragam a você, leitor, proteção, paz espiritual, sabedoria, discernimento e clareza. Que a força das entidades consiga tirar aqueles que se encontram na escuridão espiritual, no abismo sem fim e os encaminhe a um destino muito melhor. Aṣé em seus caminhos.

Parte III – Como Fazer a Firmeza de Pombagira

Pombagira é uma força espiritual feminina ligada a amor, dinheiro, felicidade, luxúria, amores desenfreados e sedução. Quando em seu lado negativo, costuma trazer desordem, traição, depressão, amarguras, falta de foco e de amor-próprio. Ocupa um lugar muito importante na vida de todas as pessoas; ela é a senhora que desenrola as situações num piscar de olhos. Quando bem tratada, traz na vida de seus filhos a sedução e o enriquecimento necessários e, com isso, a graciosidade necessária para realizar grandes negócios; mas por outro lado é muito vingativa com aqueles que a desafiam. No caso dos homens que são regidos por Pombagira, eles têm muita sorte e são bem-sucedidos, conseguem se sobressair em várias situações.

Existem também as Colondinas, diferentes das entidades cultuadas na Umbanda e no Candomblé, pois seu culto é fortíssimo na Angola. Seu assentamento também é muito diferente. Muitas pessoas não gostam e não querem cultuar essas entidades, pois dizem não concordar com seus trajes, mas na realidade essas pessoas gostariam de sentir a energia dessas moças que, quando bem cuidadas e também consagradas dentro do seu culto, podem trazer grandes realizações para seus seguidores com um grau de realeza. Elas conseguem mostrar às pessoas seu verdadeiro eu, e muitos não admitem, pois isso seria um afronto à realidade que vivemos; um verdadeiro constrangimento às pessoas que se dizem ser donas da moral e do bom costume. Aqueles que as admiram e cultuam, esses sim se saem bem. Senhora de nosso destino e futuro, mulher que nos acolhe com seus ensinamentos e sabedoria. Cuida de todos nós com seu amor infinito.

Após entendermos essa entidade, podemos venerá-la de forma correta, sem preconceitos e imposição. Agora vamos para seu assentamento, ou melhor, ponto de força:

SAUDAÇÃO: Laroye, Mona Mojubá

Material para assentamento:

1 boneca de ferro

7 garras de Pombagira

7 tridentes fêmea

1 pedra semipreciosa (rubi)

1 peça em ouro

1 peça de prata

1 punhado de terra do cruzeiro das almas

Terra de encruzilhada

7 favas de anis-estrelado

Pétalas de sete rosas vermelhas

7 essências diferentes

7 moedas de maior valor

1 chocalho de cascavel

1 espelho pequeno

1 pena de coruja

Pó de enxofre

Canela em pó

Cravo em pó

Louro em pó

Açafrão em pó

7 tipos de bebidas doces

Mel

Dendê

(Enfeites serão colocados de acordo com o gosto e preferência da pessoa)

Modo de preparo:

Coloque a boneca ao centro da panela e arrume os sete tridentes. Após colocar tudo que é de ferro dentro da panela, arrume os seguintes aṣé na base da boneca:

Um punhado de terra do cruzeiro das almas, terra da encruzilhada, sete pétalas de rosas que deverão ser arrumadas sobre a terra, sete favas de pombagira, pedra de rubi, uma peça em ouro, uma peça em prata, sete favas de anis-estrelado, sete moedas de maior valor, um chocalho de cascavel, uma pena de coruja.

Na base do pé da imagem, você deverá fazer um furo e colocar os ingredientes dentro da base. Depois de tudo arrumado, faça uma mistura com pós e um pouco das bebidas. Deve-se lavar a firmeza de Pombagira antes de tudo.

Você deverá arrumar o assentamento conforme sua vontade, pois a Pombagira é a sua essência pura; você terá de sentir a energia dela em seu corpo.

Utilize os demais itens e pergunte se ela quer mais alguma coisa de regalo.

Observação: A Pombagira deverá ser arrumada no horário da noite e observando sempre as luas, preferencialmente a Lua Cheia.

Sempre cante cantigas da Pombagira em questão:

Vem, Pombagira

Vem ver quem te chama

Ela é uma mulher disfarçada

Ela é Pombagira nas sete encruzilhadas.

O luar, o luar

O luar

Ela é dona da rua

O luar

Quem cometeu as suas falhas

Peça perdão a Pombagira

Quanto sangue derramado, o luar

Em cima do frio chão

O luar

Quanto sangue derramado, o luar

em cima do frio chão

Que linda rosa,

mas que bela mulher

É uma grande Pombagira,

toda coberta de axé

(Bis)

Eu peço a ti que me proteja ao longo dessa caminhada,

abre nossos caminhos,

e nos dê sua proteção, Pombagira iluminada.

Com todo seu encanto

e seu belo bailar

Põe flores no meu caminho

Ela está sempre comigo e nela eu posso confiar

Laroye

E Laroye, mas ela vem com sua coroa e perfumada,

Salve, Maria Molambo

Rainha das Sete Encruzilhadas

(Bis)

A chuva que cai do céu parece prata

Mulher quem reina na terra é você

A chuva que cai do céu parece prata

Mulher quem reina na terra é você

Lá na calunga ela tem poder

Ela tem poder

Mas ela faz caldeirão sem fundo ferver

Foi uma rosa,

Que eu plantei na encruzilhada

Foi uma rosa,

Que eu colhi no meu jardim

Maria Molambo

Maria mulher

Maria Molambo, Rainha do Candomblé

Após essa explicação, podemos ver a grande importância de cultuar uma Pombagira pela sua força e sua desenvoltura e elevação do poder feminino. Dessa maneira percebemos o significado da mulher, da mãe e da divindade feminina conhecida como Unjilá, Esú Lòóko, a famosa e popular mulher da rua.

Enfim, observamos que elas têm seus costumes e também culinária, conhecida popularmente como quitutes.

No próximo capítulo, entenderemos algumas comidas dos Òrìṣà que também poderão ser utilizadas para comidas de Pombagira.

Capítulo 10

Parte I – A Comida de Òrìṣà

Vamos falar sobre comidas, mas não qualquer comida, e sim aquelas oferecidas aos nossos Òrìṣà, que são as divindades que sempre estão ao nosso lado para qualquer eventualidade. Assim, nada mais justo que capricharmos para satisfazê-los. As comidas, quando estão sendo preparadas, passam por certos processos para se tornarem sagradas. Antes mesmo de começar a prepará-las, já se inicia o ritual de consagração para ser bem aceita pelas divindades. Primeiro precisamos preparar a casa, ela deve estar limpa e em perfeitas condições de higiene. Devem-se colocar uma vela e uma quartinha com água no canto para que nada nem ninguém atrapalhe o processo, principalmente as energias negativas que possam vir a rondar o ambiente. Devemos escolher os grãos e colocá-los de molho; as frutas e legumes devem estar perfeitos, nem amassados nem podres. Devemos escolher a melhor carne ou peixe. Com tudo separado e organizado, podemos começar os preparos.

As gamelas, travessas, alguidares e terrinas, neste caso têm como finalidade servir de prato para ser ofertado aos Òrìṣà. Agora que aprendemos a finalidade, podemos colocar em prática como fazer:

Vamos aprender algumas comidas e para quem podem ser servidas.

Algumas Comidas Sagradas:

Acarajé . É a comida ritual do Òrìṣà Iansã. O acarajé é feito com feijão-fradinho, que deve ser partido em um moinho em pedaços grandes e colocado de molho em água para soltar a casca. Após retirar toda a casca, passa-se novamente no moinho, desta vez devendo ficar uma massa bem fina. A essa massa, acrescentam-se cebola ralada e um pouco de sal. O segredo para o acarajé ficar macio é o tempo que se bate a massa. Quando a massa estiver no ponto, ela fica com a aparência de espuma. Para fritar, use-se uma panela funda com bastante azeite de dendê.

Ado. É uma comida ritual feita de milho vermelho torrado, moído em moinho e temperado com azeite de dendê e mel. É oferecido principalmente ao Òrìṣà Òsún.

Amalá. É comida ritual do Òrìṣà Sàngó. Feita com quiabo cortado, cebola ralada, pó de camarão, sal, azeite de dendê ou azeite doce, podendo ser feita de várias maneiras. Oferecida em uma gamela forrada com massa de acaçá. (Lembrando que existem vários amalás.)

Asosó. É comida ritual do Òrìṣà Osòóssi; milho vermelho cozido, refogado com cebola ralada, pó de camarão, sal, azeite de dendê, enfeitado com fatias de coco sem casca.

Deburu. É a comida ritual do Òrìṣà Òbalúayè; é o milho de pipoca estourado em uma panela com areia. Depois de peneirar a areia, essa pipoca é colocada em um alguidar ou tigela (de barro) e enfeitada com pedacinhos de coco.

Ekuru. É uma comida ritual; a massa é preparada da mesma forma que a massa do acarajé (feijão-fradinho sem casca triturado), envolta em folhas de bananeira, como o acaçá, e cozida no vapor.

Ómólukun. Comida ritual do Òrìṣà Òsún, é feita com feijão-fradinho cozido, refogado com cebola ralada, pó de camarão, sal, azeite de dendê ou azeite doce. É enfeitada com camarões e ovos cozidos inteiros e sem casca, normalmente sendo colocados cinco ou oito ovos, mas essa quantidade pode mudar de acordo com a obrigação do Candomblé.

Abará. É um dos pratos da culinária baiana e, como o acarajé, também faz parte da comida ritual do Candomblé. A preparação da massa é idêntica à do acarajé. Quando comida ritualística, coloca-se um pouco de pó de camarão e, quando da culinária baiana, colocam-se camarões secos previamente escaldados para tirar o sal, que podem ser moídos com o feijão e também colocados alguns inteiros. Essa massa deve ser envolvida em pequenos pedaços de folha de bananeira, semelhante ao processo usado para fazer o acaçá e cozida no vapor em banho-maria. O abará é servido na própria folha.

Acaçá. É uma comida ritual do Candomblé e da culinária baiana. Feita com milho branco ou milho vermelho, que, após ficar de molho em água de um dia para o outro, deve ser moído num moinho. Forma-se uma massa que deverá ser cozida numa panela com água, sem parar de mexer, até ficar no ponto. O ponto de cozimento pode ser visto quando a massa não dissolve se pingada em um copo com água. Ainda quente, essa massa deve ser embrulhada, em pequenas porções, em folha de bananeira previamente limpa, passada no fogo e cortada de maneira igual para que todos fiquem do mesmo tamanho. Coloca-se a folha na palma da mão esquerda e nela a massa; com o dedo polegar, dobra-se a primeira ponta da folha sobre a massa; dobra-se a outra ponta cruzando por cima. Virando para baixo, faz-se o mesmo do outro lado. O formato que vai ficar é de uma pirâmide retangular.

Caruru. É uma comida ritual do Candomblé e da culinária baiana. É preparada com quiabo cortado em quatro de comprido e depois em rodelas, cebola ralada ou batida, pó de camarão, sal, azeite de dendê, castanha-de-caju torrada e moída, amendoim torrado sem casca e moído.

Preparação: em uma panela, coloque azeite de dendê, a cebola e o sal, refogando um pouco. Em seguida coloque o quiabo cortado, coloque um pouco de água e deixe cozinhar. Quando estiver cozido, adicione aos poucos a castanha e o amendoim acrescentando um pouco mais de dendê. Depois de pronto, coloque numa gamela.

As comidas oferecidas tanto aos adeptos quanto aos Òrìṣà são sempre comidas fundamentadas e cada uma delas tem sua funcionalidade no aṣé, utilizadas nos Ebó, nas obrigações, nos rituais e em tudo aquilo que for necessário para fazer acontecer coisas maravilhosas em nossas vidas. Devemos fazer as comidas ou oferendas sempre com muito carinho para que nossos desejos cheguem aos pés de Olódùmaré e sejam realizados. Então, quando for fazer algo, preste muita atenção e cuidado.

A seguir, veremos algumas medicinas africanas para ajudar e auxiliar cada pessoa no seu cotidiano.

Capítulo 11

Parte I – Encantarias Gerais

Òógun

Medicina para abertura de caminhos

Medicina com Ògún Wajo para propiciar caminhos

1 prato de barro

1 inhame assado

A idade da pessoa em moedas

A idade da pessoa em acaçá branco (ekó)

A idade da pessoa em acaçá vermelho (ekó pupa)

Observação: Leve a medicina para uma rua de terra para Ògún.

Passe no corpo o inhame e os ekó, arrume tudo no prato conforme seu agrado.

Regue com mel e dendê.

Faça a saudação três vezes: ÒGÚN YÈ, PÀTÀKÌ ORÍ ÒRÌSÀ.

Medicina para abertura de caminhos

7 bandejas com papel vermelho

1 farofa de dendê

1 charuto

Os elementos acima ciatados devem ser passados no corpo e colocados nas bandejas.

Na sétima bandeja deverá ter:

1 chave

1 caixa de fósforos

1 vela

Cachaça para borrifar na magia (assoprar)

Observação: Esta medicina deverá ser entregue para o Esú de sua confiança.

As sete bandejas deverão ser depositadas em sete praças diferentes.

Em seguida, deverá arriar um inhame assado para Ògún com moedas enfincadas (a quantidade de moedas será a idade de quem está oferecendo).

Essa oferenda deverá ser colocada em uma encruzilhada.

Medicina para Lonan (Senhor dos Caminhos)

Para abrir seus caminhos, para tirar feitiço, olho-grande, inveja.

1 metro de pano vermelho

1 alguidar médio

7 velas brancas

1 bife de boi cru

7 moedas atuais

7 búzios abertos

1 farofa de dendê com uma pitada de sal

7 limões

7 acaçás vermelhos

7 ovos vermelhos

1 obi

Abra o pano em sua frente e acenda as velas. Apresente o alguidar próximo ao seu peito e coloque-o em cima do pano. Passe os ingredientes no corpo de acordo com a ordem acima. Por último, abra o obi e leve-o até sua boca fazendo seus pedidos. Deixe-o em cima da medicina (Ebó) e feche o pano. Deverá ser despachado em uma rua de muito movimento onde tenha muitas casas comerciais.

Medicina para clarear situações difíceis

Bom para pessoas sem rumo de emprego ou abertura de caminho.

1 bandeja de papelão

Canjica amarela cozida

4 quindins

4 velas brancas

Os pedidos deverão ser escritos em quatro papéis.

Forre a bandeja com a canjica cozida, coloque os quindins sobre a canjica; embaixo de cada quindim, coloque o papelzinho com o seu pedido; leve à beira de uma água corrente e peça a Òsún que o auxilie na solução do problema; acenda as velas pedindo que o seu pedido seja iluminado.

Medicina com Esú para abertura de caminhos

1 alguidar

21 grãos de pimentas-da-costa

1 litro de dendê

7 acaçás brancos

7 acaçás vermelhos

7 talos de mamona

7 ovos

7 carretéis de linha branca

7 carretéis de linha preta

7 carretéis de linha vermelha

7 doces pretos

Feijão-fradinho torrado

Milho de galinha torrado

Feijão-preto torrado

Mel

Pegue um alguidar, em seguida coloque as 21 pimentas-da-costa na boca e mastigue fazendo seus pedidos. Coloque dendê dentro do alguidar e sopre sobre ele as pimentas mastigadas, passe pelo seu corpo sete acaçás brancos, sete acaçás vermelhos e coloque dentro do alguidar. Pegue sete talos de mamonas e vá batendo em todo seu corpo, pedindo a Esú movimento em sua vida, que tire toda a negatividade e que dali para a frente possa começar tudo de novo em sua vida; passe também sete ovos que serão quebrados (a pontinha) dentro desse alguidar. Pegue sete carretéis de linha branca, sete carretéis de linha vermelha e sete carretéis de linha preta. Junte os 21 carretéis de linha e vá desenrolando todos juntos dentro do alguidar, pedindo a Esú que sua vida seja desenrolada, que tire tudo de ruim, traga rapidez nas soluções dos seus problemas. Depois que as linhas estiverem todas desenroladas dentro do alguidar, coloque por cima sete doces pretos, um punhado de feijão-fradinho torrado, um punhado de feijão-preto torrado, um punhado de milho de galinha torrado, passando tudo no corpo primeiro. Em seguida, leve tudo para uma encruzilhada ou estrada de terra, onde deverá ser adicionado um pouco de mel no chão colocando o alguidar e pedindo a Esú que tire todas as dificuldades de seus caminhos e lhe traga felicidades.

Medicina para conseguir alguma coisa muito desejada

1 peixe

Azeite de dendê

Mel

1 alguidar

1 farofa de dendê

½ metro de pano dourado

1 vela

1 pote de vidro

1 pulseira grande, grossa e dourada

1 moringa de barro pequena

Pegue um peixe, tire as tripas e as escamas e separe. Frite o peixe no azeite de dendê até ficar bem corado. Depois de esfriar o peixe, passe mel nele todo e ponha em uma travessa de barro (alguidar), enfeitado com uma farofa feita do mesmo dendê que fritou o peixe. Vá para uma cachoeira. Enrole as escamas em um pano dourado e as deixe numa encruzilhada no caminho para a cachoeira; ofereça a Esú de Òsún, pedindo riqueza. Ao chegar à cachoeira, acenda uma vela na mata para Òsanyìn, vá à beira da cachoeira, procure duas pedras grandes com espaço entre elas, vá até lá e deixe a travessa com o peixe bem na beira. Faça seu pedido, entre na água e apanhe uma pedrinha pequena e clara. Leve para casa e coloque num pote de vidro ou de cristal com uma pulseira grande e grossa dourada e uma moringa pequena de barro com água. Toda semana essa pedra deverá ser untada com mel, pedindo sempre que seu desejo se realize. Quando o desejo for realizado, despache a pedrinha dentro de um presente a Òsún, o qual você deverá ofertar na cachoeira.

Medicina para abrir os caminhos financeiros

Bom para quem já está com emprego em vista.

1 farofa de mel

2 gemas de ovo

1 garrafa de aguardente

Ofereça ao Esú de Òsún em uma encruzilhada uma farofa de mel e coloque as duas gemas de ovo cruas em cima. Pegue a garrafa de aguardente, abra e coloque um pouco na boca; sopre por cima da oferenda, pedindo a Esú o que deseja. Coloque a garrafa de aguardente e diga a seguinte frase:

"As gemas simbolizam ouro e riqueza; que Esú me abençoe com muito ouro e riqueza".

Medicina para abrir caminhos com Ògún

1 alguidar

Canjica cozida

1 inhame assado

1 garrafa de cerveja

7 moedas

Ofereça a Ògún, em uma estrada de terra, um alguidar com canjica cozida, um inhame assado cortado ao meio, uma garrafa de cerveja e sete moedas.

Acenda sete velas e peça a Ògún que abra seus caminhos.

Medicina para abrir caminhos Ògún

3 carretéis de linha preta

3 carretéis de linha vermelha

3 carretéis de linha branca

7 ovos

7 moedas

7 velas

Erva abre-caminho

Erva vence-demanda

Em uma encruzilhada aberta, desenrole os carretéis de linha preta, vermelha e branca, passando pelo seu corpo de trás para a frente (das costas puxando para a frente) e pedindo para sua vida se desenrolar. Passe pelo corpo os sete ovos, as sete moedas e as sete velas, sempre pedindo abertura de caminhos.

Quando chegar à sua residência, tome banho do pescoço para baixo com as ervas de abre-caminho e vence-demanda, pedindo abertura de caminhos.

Medicina para caminhos abertos e segurança

1 farofa de dendê com um punhado de sal

1 alguidar

7 maçãs vermelhas

7 cravos vermelhos

Prepare uma farofa de dendê com um punhado de sal (farinha, sal e dendê), coloque num alguidar, enfeite com sete maçãs vermelhas e sete cravos vermelhos e ofereça em uma praça movimentada a Esú Oná Peça que o livre de assaltos e confusões.

Medicina para abrir caminhos

6 punhados de arroz cru

6 moedas

6 velas

Em um bambuzal passe pelo corpo seis punhados de arroz cru, seis moedas e seis velas. Peça a Òyá para abrir seus caminhos.

Medicina para abrir caminhos e vencer demandas

1 inhame cozido

Dendê

Mel

1 alguidar

1 moeda

Em uma estrada de terra, ofereça a Ògún um inhame cozido, descascado (com uma moeda) e cortado na horizontal. Passe dendê de um lado e mel do outro, coloque em um alguidar e peça caminhos abertos e vitória nas demandas.

Medicina para o amor

Medicina para Esú Ódara trazer a pessoa que se ama

7 doces claros

7 moedas

7 pedaços de favo de mel

7 vezes o nome da pessoa amada escritos em papel

Açúcar cristal

Ponha em cada uma das quatro encruzilhadas que cercam sua residência sete doces claros, sete moedas, sete pedaços de favo de mel com o nome escrito sete vezes da pessoa que se quer. Entregue a Esú Ódara, pedindo-lhe que traga sorte àquele relacionamento e a pessoa volte de forma agradável e sem confusões. Durante sete dias seguidos você deverá passar nas quatro encruzilhadas e jogar uma mão de açúcar cristal chamando pela pessoa amada e por Esú. Na volta, ao chegar ao portão de casa, deverá jogar uma mão de açúcar para dentro de seu portão chamando o nome da pessoa amada.

Medicina para que o marido seja fiel

Um pouco de leite de peito de uma mãe recém-parida.

Após conseguir o referido material retorne à sua residência.

Despeje o leite em uma vasilha, fique de cócoras e lave suas partes íntimas. Após ter feito essa operação derrame o referido líquido em um copo, colocando-o logo após na geladeira. Quando surgir uma oportunidade, você deverá dar para o seu marido beber com um pouco de café, dando o restante a um animal que goste muito de você, gato ou cachorro.

Medicina para união sentimental com Esú

1 farofa de mel

1 alguidar

7 maçãs vermelhas

Açúcar para fazer uma calda de caramelo

1 vela branca

O nome do casal

Faça uma farofa de mel e coloque em um alguidar. Abra as sete maçãs vermelhas, coloque o seu nome e o da pessoa amada dentro. Faça uma calda de caramelo com o açúcar e regue as maçãs que já se encontram com os nomes do casal. Deixe de um dia para o outro num local onde ninguém possa mexer, apenas você; peça com muita firmeza e atitude o que deseja, oferecendo a Esú. No dia seguinte, leve a uma encruzilhada aberta, com uma vela branca e peça novamente a Esú a união sentimental.

Medicina para uma mulher voltar, com Tranca-Rua ou outro Exu de sua escolha

1 alguidar

1 miolo de boi

7 charutos

2 favas de olho-de-boi

1 garrafa de vinho tinto de boa qualidade

1 melão cortado em sete pedaços

Azeite de oliva

7 velas bicolores, preta e vermelha

Faça essa oferenda de manhã cedo, num dia de Lua Crescente ou Cheia e leve a uma estrada, colocando-o em uma moita.

Para iniciar, escreva o nome da pessoa amada em um papel sete vezes; logo em seguida corte o papel, assim você terá sete tiras com o nome da amada escrito em cada uma delas. Segure o miolo firmemente em suas mãos e vá acrescentando os nomes; peça o que deseja com firmeza nos pensamentos, falando em voz alta para que seu hálito quente tenha contato com o miolo e vá surgindo o encantamento. Coloque o miolo dentro do alguidar. Rodeie com as fatias de melão e intercale com os charutos acesos. Ponha a fava por cima do miolo e regue com azeite, fazendo seus pedidos a Tranca-Rua ou seu Exu de preferência. Abra a garrafa de vinho, ponha um pouco na oferenda e deixe-a ao lado do alguidar. Acenda as velas em volta e vá pedindo a ele para buscar o seu amor!

Medicina para o amor

1 boneco de pano branco (masculino) recheado com erva amor do campo

1 boneca de pano branco (feminino) recheado com capim-santo

5 metros de fita branca

2 pedras da cabeça da corvina

1 agulha

1 carretel de linha branca

O retrato do homem

O retrato da mulher

5 ovos branco

Açúcar cristal

2 velas de sete horas

Uma terrina de louça branca

Abra a cabeça dos bonecos. Coloque o retrato do homem na cabeça da boneca e o retrato da mulher na cabeça do boneco; coloque também uma pedra de corvina em cada uma das cabeças dos bonecos e costure fechando a cabeça. Una os bonecos, um olhando para o outro, e comece a enrolar o casal com a fita branca, finalizando com um nó e chamando o nome do casal. Coloque o casal de bonecos dentro da terrina de louça. Bata uma clara em neve e cubra os bonecos, acrescente em seguida o açúcar cristal. Escolha um canto dentro de sua casa para guardar e cuidar desta terrina onde estão os bonecos, pedindo para Baba Òrí e Iyemonjá que cuide da cabeça da pessoa "que você está pedindo para unir" e que ela só pense em você e que não tenha paz enquanto não procurá-lo. Faça uma reza para Baba Òrí e Iyemonjá.

Medicina para prosperidade financeira

Medicina para boa sorte financeira.

1 prato branco

1 girassol grande

5 moedas correntes

1 obi de cinco partes

Mel

Em um prato branco coloque o girassol, as cinco moedas correntes e o obi cortado em cinco pedaços; regue com mel e diga:

"Assim como esta flor procura o sol, que os olhos de Ajé (riqueza) enxerguem minha vida". Coloque essa medicina em uma praça bem movimentada. Ao chegar em sua residência, tome um banho de limpeza e prepare um banho com seu perfume preferido e um punhado de açúcar, pedindo sempre prosperidade.

Medicina com Òyá para vencer as dificuldades financeiras

10 velas brancas

1 travessa de louça branca

9 acarajés

9 goiabas vermelhas

9 rosas brancas

9 fitas coloridas, exceto preta

Na entrada do bambuzal acenda uma vela branca pedindo licença (agô). Mais adiante faça a oferenda para Òyá, utilizando uma travessa de louça branca com nove acarajés, nove goiabas vermelhas, nove rosas brancas e as nove fitas coloridas (menos preta). Escreva na ponta de cada fita o que desejar de bom para sua vida e acenda as nove velas brancas.

Esta medicina serve para quem está com a vida enrolada.

Medicina com Òsúnmaré para ter riqueza

Fitas coloridas

Búzios

Palha-da-costa

1 terrina branca

Canjica branca cozida

8 moedas douradas

8 moedas prateadas

2 velas brancas

Com as fitas coloridas você deverá trançar uma cobra nas cores do arco-íris, fazendo os olhos da cobra com os búzios e a língua da cobra com palha-da-costa. Forre a terrina branca com a canjica cozida e coloque a cobra por cima; acrescente as oito moedas douradas e as oito moedas prateadas. Coloque a oferenda na beira de um rio e acenda as velas, pedindo a Òsúnmaré riqueza.

Medicina para trazer sorte e riqueza para dentro de casa

1 garrafa de gin

4 doces

Frutas doces (vários tipos)

Soprar um pouco de gin em cada canto da casa e depois na porta da rua. Colocar em cada canto da casa um doce, formando quatro cantos, para que as formigas venham comer e trazer boa sorte para a sua casa. Depois, distribua frutas para as crianças e o restante leve em uma praça bonita com muitas crianças, para trazer sorte e riqueza em sua vida.

Medicina para ganhar dinheiro

1 alguidar

1 rapadura

1 vinho moscatel

1 coco seco inteiro

16 Ekuru

Esta medicina deverá ser colocada do lado esquerdo do seu portão. Pegue um alguidar e coloque o coco seco dentro; em seguida, faça uma mistura de vinho moscatel com a rapadura e jogue por cima do coco seco, a qual deverá ficar nesse local por 16 dias. No décimo sexto dia, retire tudo e despache em um mato fechado. Depois que voltar do mato, faça 16 Ekuru, que deverão ser esfarelados em frente ao portão da sua casa, e peça que o dinheiro venha para sua vida.

Medicina para melhorar as finanças e abrir caminhos

1 cará grande

7 búzios

7 moedas de qualquer valor

Cozinhe o cará e retire a casca, fazendo sete bolinhas; em cada uma delas coloque uma moeda e um búzio. Para essa medicina você deverá ir a sete encruzilhadas e em cada uma delas colacar uma bolinha de cará pedindo a Esú eÒgún que abram seus caminhos.

Medicina com Esú para ter prosperidade

1 galinha-d'angola

Owají

1 fava de ataré

1 charuto de fumo forte

O número de dias do ano (360 ou 365) em moedas

Folha de Akosi.

Para iniciar, deve-se primeiramente dar Òse em Esú (limpá-lo), colocá-lo ao sol para que seque e receba as energias do sol. Cante louvores a Esú, para sacrificar a galinha-d'angola, coloque sete atarés na boca e vá mastigando e pedindo o que deseja até a boca ficar bem ardida. Quando não aguentar mais, sopre em cima de Esú. Por cima da ataré sopre uma mão cheia de owají. Cubra Esú com todas as moedas pedindo por soluções, oportunidades e caminhos de sorte!

Cubra todo o Esú com folhas de Akosi (folha do dinheiro)

O Esú ficará coberto por seis horas; após esse período a pessoa deverá levá-lo para passear em uma feira de grande movimento ou em lugares onde circule o dinheiro e gente bonita e rica, chamando por Esú e Ògún, pedindo caminhos.

Medicina para a saúde

Medicina para a saúde pedindo a Òmólu

Pipoca

7 folhas de mamonas

Dendê

1 vela branca

Banho de sete ervas

Estoure a pipoca com óleo vegetal em sua casa, em seguida vá até uma mata e colha sete folhas de mamona. Faça sete trouxinhas utilizando as folhas; coloque as pipocas dentro e amarre as trouxinhas com a própria folha. Passe as trouxinhas uma por uma em seu corpo e peça a Òmólu para tirar todas as doenças e coloque no chão aos pés de uma árvore seca. Regue com dendê e acenda uma vela branca. Ao chegar em casa, tome um banho de sete ervas e coloque uma roupa clara.

Bom para pessoas com feridas no corpo.

Medicina para curar impotência sexual com Esú

1 garrafa de cachaça

Canela em pó

1 pedaço de músculo bovino

Dendê

1 vela vermelha

Na Lua Cheia, deixe dormir no sereno um copo de cachaça com canela em pó para lavar o órgão genital no dia seguinte. Ao acordar pela manhã, passe o músculo bovino em seu órgão genital pedindo a Esú que dê virilidade e potência sexual; coloque o músculo dentro do alguidar e regue com dendê. Lave a parte genital com a mistura da cachaça e canela, deixando cair dentro do alguidar e sempre pedindo o que deseja a Esú. Despache a medicina em uma encruzilhada com o restante da cachaça e acenda a vela para Esú, reforçando o pedido.

Medicina para pedir saúde a Òmólu

1 alguidar

7 pedaços de músculo

7 pedaços de bofe

7 pedaços de bucho

Pipoca

7 velas

Banho de ervas cheirosas

Para realizar esta medicina, você deverá ir a uma mata levando os ingredientes citados. Passe o alguidar em seu corpo e coloque-o aos pés de uma árvore frondosa. Em seguida, passe pelo corpo sete pedaços de músculo, sete pedaços de bofe e sete pedaços de bucho. Coloque tudo dentro do alguidar, pedindo saúde a Òmólu. Cubra com pipoca e acenda sete velas em volta. Chegando em casa tome um banho de limpeza (higiene) e, em seguida, um banho de ervas cheirosas.

Medicina para afastar doenças com Òsàlá

3 metros de morim branco

Canjica fervida (não poderá ser cozida)

Água da canjica (Omintoro)

Durma por três dias sobre três metros de morim branco. No quarto dia pela manhã, estique o morim em um campo verde e caminhe sobre ele; passe a canjica no corpo, deixando cair sobre o morim, e peça a Òsàlá que todas as doenças fiquem para trás. Chegando em casa, tome um banho de limpeza (higiene) e, em seguida, o banho de Omintoro.

Medicina para quem tem vício de bebida: Esú e Òmólu

7 pedaços de fígado bovino

1 panela de barro

Óleo de rícino

1 peça de roupa da pessoa que tem o vício

Para tirar vício de bebida, coloque sete pedaços de fígado bovino em uma panela de barro. Regue com óleo de rícino, tampe e enrole numa peça de roupa usada pelo viciado. Enterre aos pés de uma árvore seca, pedindo a Esú e Òmólu que o vício da pessoa desapareça da vida dela.

Medicina para tirar vícios pelo caminho de Bara Logí

½ metro de morim preto

½ metro de morim vermelho

½ metro de morim branco

4 velas brancas

4 velas pretas

4 velas vermelhas

4 caixinhas de fósforo

4 charutos

1 garrafa de pinga

1 frango

Para iniciar o trabalho, abra a pinga, coloque um pouco em sua boca e sopre no chão onde será feito o trabalho, pedindo permissão para que tudo dê certo. Logo em seguida, passe os morins no corpo da pessoa e os estenda no chão, sempre pedindo o que deseja. Passe todas as velas também em seu corpo, passe as caixinhas de fósforo e já acenda as velas deixando as caixinhas de fósforo abertas em cima dos morins. Passe os charutos no corpo da pessoa, deixando-os acesos.

Passe o frango no corpo da pessoa e vá pedindo a Bara Logí que essa pessoa nunca mais tenha o vício, que leve embora qualquer coisa ruim que acompanhe aquela pessoa e que a liberte de vícios. Corte o frango a Bara Logí; logo em seguida jogue a aguardente em cima do frango e em volta do trabalho. Sempre saudando e pedindo.

Observação: Faça em uma encruzilhada com pouco movimento para ter a concentração necessária e que Bara Logí entenda e aceite o pedido. Deixe claro a Bara Logí que está dando o frango em troca da cura.

Medicina para família

Medicina para união familiar

500 gramas de canjica

1 terrina branca de louça

Nome da família

Açúcar quanto necessário

Pétalas de rosa branca

Cozinhe 500 gramas de canjica, lave, escorra e coloque em uma tigela branca. Escreva os nomes dos familiares num papel branco, coloque-os sobre a canjica, cubra com açúcar e enfeite com as pétalas de rosa branca. Ofereça a Òsàlá e Iyemonjá e, após 24 horas, despache na água do mar ou em um rio limpo, pedindo sempre o que deseja para sua família.

Medicina para união familiar

Água mineral sem gás

Perfume ou essência floral (o que preferir)

Defumador de sândalo

Misture a água mineral sem gás com o perfume ou essência de sua preferência. Logo em seguida, salpique essa mistura pela casa para trazer a força de Òsún, cante e louve Òsún. Peça paz e a união familiar tão desejada. Defume com sândalo (pode usar cinco ervas).

Medicina para evitar brigas com sua família e com os amigos

1 alguidar

1 quilo de feijão-fradinho torrado

Mel

1 inhame

1 moeda

Ofereça a Ògún, em uma estrada, um alguidar com feijão-fradinho torrado com mel, e em cima um inhame cozido e descascado (com uma moeda), cortado na horizontal. Peça para Ògún amenizar as guerras que existem em sua vida.

Medicina para paz e harmonia no lar (defumador)

Pétalas de rosa branca seca

Incenso de igreja

Cravo-da-índia

Canela em pó

Erva-doce

Durante três dias seguidos, por volta das 18 horas, faça um defumador com pétalas de rosas brancas secas, incenso de igreja, cravo-da-índia, canela em pó e erva-doce. Peça que todo o mal seja retirado do seu lar. E que a paz e a prosperidade reinem em sua casa.

Medicina para união familiar, prosperidade e riqueza (defumador)

Arroz com casca

Açúcar

Água do mar

Pegue arroz com casca e açúcar para fazer um defumador. Defume sua casa dos fundos para a frente, pedindo a Òsàlá e Iyemanjá união, prosperidade e riqueza dentro do seu lar. Borrife a seguir água do mar em toda casa, de preferência água retirada de maré cheia.

Medicina para desentendimentos familiares

500 gramas de canjica branca

Nome dos familiares

1 tigela branca de louça

16 bandeiras brancas feitas de morim

Cozinhe 500 gramas de canjica branca. Escreva os nomes dos familiares em tirinhas de papel branco, coloque-as no fundo da tigela, cubra com a canjica e enfeite com as 16 bandeiras brancas. Peça a Baba Oké que traga união familiar, e que a paz reine em sua família.

Medicina para união familiar

500 gramas de canjica branca

Dendê

Cebola

Camarão seco moído

Sal

1 terrina branca de louça

Nome dos familiares

1 vela branca

Cozinhe 500 gramas de canjica até ficar bem molinha; refogue em uma panela dendê, cebola ralada, camarão seco moído e sal; coloque a canjica neste tempero, mexendo bem devagar. Deixe esfriar.

Coloque essa canjica em uma terrina branca e, por cima, os nomes dos familiares bem arrumadinhos. Ofereça a Iyemonjá com uma vela branca, fazendo seus pedidos com muita fé.

Medicina para paz em família

1 tigela de louça branca

O nome dos familiares

Canjica

16 bandeiras brancas

16 moedas

Arrume os nomes dos familiares dentro da tigela branca. Em seguida, cubra com a canjica cozida. Enfeite com 16 bandeiras brancas, 16 moedas correntes e coloque em um lugar alto dentro de casa. Peça paz e união para a família.

Medicina para imóveis

Medicina para construção de casa (problemas)

1 punhado de canjica crua

1 punhado de arroz cru

1 punhado de milho de galinha cru

1 vela

Coloque sobre a terra do imóvel um punhado de canjica, arroz-agulhinha e milho de galinha. Acenda a vela e ofereça a Aizá, pedindo prosperidade e que aqueles grãos representem a riqueza e o progresso para erguer a construção. Peça para conseguir elevar sua casa naquela terra.

Medicina para evitar prejuízos com imóveis

Manjericão

1 gamela

6 galhos de louro verde

6 moedas

6 orobós

1 amalá

Tome primeiramente um banho feito com o manjericão. Arrume numa gamela o amalá, seis galhos de louro verde, seis moedas, seis Orobó. Deixe 24 horas em sua casa, pedindo a proteção a Sàngó. Despache no mato.

Medicina para vender um imóvel

1 quilo de milho de galinha cru

1 banho de aluwá simples apenas para lavar a casa (gengibre/açúcar mascavo/água de milho cozido)

Passe pelo corpo sete punhados de milho cru, em uma praça bonita e movimentada, chamando pelo Òrìṣà Osòóssi. Volte ao imóvel deixando os grãos pelo caminho. Faça do lado de fora um arco e flecha com o milho restante. Depois de seis horas, despache o milho na porta de um banco. Lave sua casa com um aluwá bem docinho para atrair compradores.

Medicina para negociar um imóvel

1 farofa de mel

1 prato de papelão

1 casa de cera

Frutas

Bolas de gude

Fitas coloridas

Velas coloridas

Refrigerante guaraná

Prepare uma farofa de mel e arrume-a em um prato de papelão. Em cima coloque uma casa de cera. Enfeite com frutas, bolas de gude e fitas coloridas (menos preta). Acenda em volta as velas coloridas. Coloque o refrigerante de guaraná em copinhos, ofereça aos Eres em uma praça movimentada, por volta de 18 horas. Peça o que deseja em relação ao imóvel.

Medicina para vender ou comprar casa

1 gamela

12 quiabos

Açúcar

Água (só para misturar)

1 casa de cera

6 qualidades de fruta

Em uma gamela corte 12 quiabos em rodelas bem finas. Coloque um pouco de água, uma colher de açúcar e bata até fazer espuma. Coloque em cima uma casa de cera. Enfeite com seis qualidades de frutas cortadas em seis pedaços cada e ofereça a Sàngó numa pedreira, pedindo o que deseja. Assim que resolver, ofereça um amalá bem caprichado a Sàngó.

Medicina para trabalho e comércio

Medicina para melhorar seu comércio

Arroz com casca

Milho de galinha

Semente de girassol

Canjica branca

Canjica vermelha

4 folhas de mamona

24 moedas

Água de rio

Mel

Coloque em cada canto do comércio uma folha de mamona com um punhado de arroz com casca, um punhado de milho de galinha, um punhado de semente de girassol, um punhado de canjica branca, um punhado de canjica vermelha e seis moedas. Durante seis dias pingue água de rio com mel na medicina. Despache depois de seis dias na porta de um banco.

Medicina para quem trabalha com vendas

1 pena de ekodidé

Banho de folhas de alfazema

Dandá ralado

Perfume cítrico

Para que sempre tenha sorte, use uma pena de ekodidé em sua carteira. Faça um banho com folhas de alfazema e jogue do pescoço para baixo. Esfregue em suas mãos dandá ralado, pedindo sorte e prosperidade, pelo menos três vezes na semana antes de sair de casa. Use cores claras e utilize também uns perfumes cítricos de sua preferência para atrair as coisas boas.

Medicina para negócios e aceitação

1 maçã verde (ralada)

Água de flor de laranjeira

Água mineral

Noz-moscada ralada

1 vela branca

Faça um banho com a maçã verde ralada, água de flor de laranjeira, água mineral e noz-moscada ralada. Tome esse banho de corpo inteiro, inclusive a cabeça. Acenda a vela e peça a Osàguián o que quer.

Medicina para um bom relacionamento com seu chefe

1 terrina branca de louça

Canjica

Nome do seu chefe

1 pedra de efún

Açúcar

Claras em neve

Ofereça uma terrina com canjica bem cozida com o nome de seu chefe. Rale uma pedra de efún por cima e acrescente as claras em neve adocicadas com o açúcar. Peça a Òsàlá que acalme e equilibre o relacionamento de vocês, trazendo paz e serenidade à relação.

Medicina para abrir as vendas

1 peneira pequena de palha

9 acarajés

9 folhas de louro

9 folhas de manga

9 moedas

Em uma peneira de palha coloque nove folhas de manga, nove folhas de louro e nove acarajés. Em cada acarajé coloque uma moeda e ofereça a Oyá em um lugar alto dentro do comércio, pedindo boas vendas.

Medicina para quebrar negatividade no comércio

Fava de cumaru

Esfregue fava de cumaru ralada nas mãos e na nuca. E também sopre nos cantos de seu comércio, pedindo que a negatividade se afaste de você e do seu comércio. Use roupas brancas no dia em que fizer a medicina.

Medicinas para limpeza de ambientes e pessoas, abertura de caminhos

Medicina para abrir caminhos

Na porta de entrada de sua casa, coloque um prato comum com gin, água, dendê e sal para invocar Esú cantando e louvando. Para falar com Esú, mastigue ataré e gin.

4 farofas (mel, dendê, água, aguardente), uma de cada.

1 cebola dividida em quatro partes.

1 jornal com boas notícias.

Colocar as farofas na folha de jornal com notícias boas. Faça uma trouxinha com cada jornal, acrescente em cada trouxinha um pedaço da cebola e sopre o ataré com o gin, pedindo a Esú o que se deseja. Despache em uma praça, sempre pedindo que Esú traga boas notícias e bons clientes.

Medicina para limpar a casa de energias maléficas

Jogue Deburu (um quilo de milho de pipoca estourada) no chão de trás para a frente e volte varrendo e cantando para Òmólu. Recolha o Deburu sem colocar a mão e coloque em um saco de estopa, despache em uma rua longe de sua casa junto com a vassoura que a varreu (de preferência a vassoura pode ser de piaçava). Passe também sete ovos na casa e jogue na rua.

Pegue folhas de peregun, amora, bambu, aroeira, pinhão-roxo, para batê-las na casa de trás para a frente; as folhas vão para a rua depois de quebradas.

Faça uma defumação com sete ervas para tirar qualquer vestígio de energias ruins.

Medicina para quebrar força maléfica que esteja com a pessoa

Passe uma língua bovina na pessoa, que deve estar vestida com uma roupa velha, e depois rasgue a roupa. Despache a roupa rasgada em numa lixeira e espete a língua num tronco de árvore com nove pregos.

Depois de um banho com erva-tostão, levante e peregun, dê comida a Esú e Ògún.

Comida de Esú neste caso pode ser um sarapatel temperado com muita pimenta e cebola.

A comida de Ògún é inhame assado com sete maçãs e sete laranjas (sem casca).

Medicina para pessoa que faz medicina e fica sem caminho

7 folhas de mamonas

7 ovos

4 tipos de farofas (dendê, mel, pinga, água)

7 moedas

Coloque um pouco de cada farofa dentro das folhas e também um ovo em cada uma. Passe no corpo, pedindo a Esú caminhos abertos. Despache um em cada encruzilhada totalizando as sete encruzilhas.

Chegando em casa, tome banho de ervas de Ògún. Lave bem a cabeça.

Medicina dos Òrìṣà no Odú

Observações gerais:

Antes de iniciarmos qualquer procedimento com Odú, deveremos primeiramente avaliar alguns requisitos primordiais. Deveremos consultar o jogo de búzios ou Òpèlè, para sabermos se o consulente não está sob a influência de Èégun e/ou Esú, pois qualquer energia emanada por algum deles pode tirar totalmente a explicação ou resultado esperado no que se for fazer.

O Odú é quem rege toda a nossa existência na face da Terra, antes mesmo de nascermos e até a nossa morte. É o Odú que terá influência permanente na descoberta e aperfeiçoamento dos caminhos espirituais e existências de cada um de nós, trazendo o equilíbrio pelos elementos, que devemos ter alinhados em nossas vidas.

Odú é a ligação direta do homem com seu carma, o qual o trouxe à Terra, e a identificação do ser com cada Òrìṣà, anjo da guarda ou eledá, como cada um interprete ou queira chamar. Podemos, por meio dos Odú, identificar doenças ou saúde, caminhos de sorte ou azar, amor ou solidão, família, dinheiro e outros vários aspectos de nossas vidas, pois nos é mostrado ou identificado o verdadeiro calcanhar-de-aquiles que age no nosso dia a dia ou cotidiano.

Não existe o melhor ou o pior Odú, e sim aquele que cultuamos e fazemos oferendas para que ajude a melhorar nossas vidas, tendo assim um contato direto com o Odú. Algumas pessoas acham que existem Odú que são muito mais complicados ou até mesmo aqueles que mostram caminhos ruins, ou seja, são Odú que não queremos em nossas vidas. Por isso pensam que o Odú ruim deve ser despachado ou afastado com Ebós ou agrados, no intuito de distanciar ou desligá-lo dos nossos caminhos.

Mas, para identificarmos o Odú que nos rege, é necessário um conhecimento específico não só do nome, como sua aparição no oráculo em resposta ao que se pergunta sobre a vida da pessoa.

Muitos sacerdotes dos cultos afros não sabem consultar Odú, mas jogam búzios pela queda ou caída do jogo, onde podem ver apenas o Òrìṣà, tendo assim a intuição ou vidência do problema do cliente, sem, no entanto, detectar a origem.

Para que um problema permanente possa ser visto e resolvido, é necessário que se saiba no mínimo como começou e em que rumo espiritual está, para ser traçada uma estratégia e assim trazer a solução.

O oráculo mais comum e utilizado no Brasil é o jogo de búzios ou Erindilogun Ifá, que pode dar a resposta que o consulente busca. O jogo de búzios utiliza de 16 búzios, a mesma quantia dos Odú (16 Odú), sendo que conseguimos os seus desmembramentos (Omo).

Iremos agora simplificar para que todos consigam compreender a mensagem aqui deixada sobre o que seria Odú. Primeiramente devemos identificar o Odú de nascimento da pessoa, que corresponde ao anjo da guarda dela, mas não obrigatoriamente o Òrìṣà. Depois, precisamos ver o lado positivo e negativo desse Odú e como está o caminho espiritual atual na vida daquele consulente. Temos uma forma rápida e prática de sabermos isso pela Òdúlogia, que seria o estudo dos Odú desvendando seus mistérios.

Costumamos dizer que existem pessoas que, mesmo sendo analfabetas, conseguem sucesso; já outras, por mais inteligentes e estudadas, não são capazes de gerir o próprio sucesso.

É cada vez mais evidente na atualidade que artistas, políticos e empresários que se cuidam espiritualmente têm mais sorte ou caminhos abertos do que aqueles que não o fazem.

Há também aqueles que mudaram de vida após limpezas espirituais e oferendas dadas ao seu Odú ou depois de terem sido iniciados de Òrìṣà. Simplesmente transformaram suas vidas para muito melhor.

Esses caminhos espirituais são tão fortes e verdadeiros que até mesmo os praticantes de certas seitas denominadas evangélicas estão copiando nossos ritos, usando roupas brancas, sessões de descarrego e de desobsessão espiritual, utilizando de recursos como o sal grosso, galhos de ervas, como a arruda, alecrim, manjericão, espada-de-são-jorge e muitas outras. Usam também velas, sabões preparados com ervas, banhos, simplesmente utilizando práticas religiosas espíritas. Isso não nos surpreende, já que não é nada mais do que o conhecimento da nossa cultura sendo passado adiante, e isso acaba se tornando bom, porque conseguimos ver nessas atitudes que não estamos no caminho errado, mas sim no caminho da verdade.

Conseguimos compreender então que não existem Odú melhores ou piores, o que existe, afinal, é Odú regendo o aspecto positivo ou negativo nos caminhos de cada pessoa.

Portanto, quando uma pessoa consulta um Bàbálawó, Bàbálòórisá ou uma Iyálorisá que realmente sabe trabalhar com essas energias e com o auxílio e respostas de Olódùmaré, sem nenhuma dúvida sua vida seguirá por um caminho mais fácil e próspero; afinal, Olódùmaré é e tem a solução de tudo. Quando utilizados os elementos corretamente determinados na consulta para alinhar o Odú, isso fará toda a diferença.

Utilizando a força dos Odú Ifá

Veremos a seguir maneiras rápidas e práticas de utilizar a força do Odú a nosso favor.

Medicina com Okaran – abrir caminhos – Esú Iangui

1 farofa de mel

1 alguidar

21 moedas correntes

1 vela

Para abrir seus caminhos, faça uma farofa de mel, pedindo o que se deseja. Em seguida, coloque essa farofa em um alguidar, pegue as moedas e esfregue em suas mãos fazendo o pedido. Solte-as dentro do alguidar em cima da farofa, sempre pedindo. Vá até uma encruzilhada aberta e jogue um punhado da farofa nos quatro cantos. Deixe no alguidar um pouco da farofa e acenda uma vela ao lado do alguidar no meio da encruzilhada. Peça caminhos abertos a Exu Iyangui.

Medicina com Eji-Oko Osupá (Lua) – para se ter um amor

1 tigela branca

1 xícara de arroz (colocar para cozinhar)

1 xícara de canjica (colocar para cozinhar)

Mel de boa qualidade

Nome do casal

Pétalas de rosa branca

Em uma tigela branca coloque o arroz e a canjica cozidos sem tempero algum; misture o arroz com a canjica e acrescente muito mel de boa qualidade. Após fazer a mistura, coloque o nome do casal. Acrescente pétalas de rosas brancas, espalhando por cima da oferenda.

Vá até uma praia e ofereça a Osupá em uma noite de Lua Cheia, na maré-cheia, e peça a Osupá que traga união sentimental ao casal.

Medicina com Età-Ògundà Nanã – saúde

Folhas de ojú-oro (Baronesa)

Água de poço/cachoeira ou mineral

Socar em um pilão as folhas de ojú-oro, pedindo saúde. Em seguida, acrescente aos poucos a água (poço, cachoeira ou mineral). Deixe descansar por três horas.

Tome o banho da cabeça aos pés, pedindo vida longa com muita saúde.

Apare o bagaço das folhas para ser jogado em uma planta ou árvore, para que traga longevidade a quem pede.

Medicina com YorÒsún-Iyemonjá – afastar adversários

1 carvão

1 alguidar

Canjica ferventada

Nome dos adversários

Escreva o nome dos adversários com o carvão, em um alguidar. Risque em cima de cada nome um jogo da velha. Cubra com a canjica ferventada e enterre na beira da praia ou na beira de um rio com muitos peixes.

Peça a Iyemanjá para afastar a falsidade e as perseguições que os adversários fazem em sua vida.

Medicina com Òsé-Òsún – inveja

1 pedra de carvão

5 ovos vermelhos

1 banho de ervas feito de saião e oriri

Faça uma cruz com o carvão nos cinco ovos vermelhos. Na beira de uma lixeira ou mesmo no lixão, passe os ovos pelo corpo e jogue-os ao chão, pedindo que todo o feitiço, olho-grande, inveja sejam retirados do seu caminho. Após o Ebó, tome um banho de higiene e banhe-se com o banho de ervas feito com saião e oriri.

Medicina com Obará-Osòóssi – sorte profissional

600 gramas de milho de galinha (torrar)

Folhas frescas de abre-caminho

Folhas frescas de levante

Faça uma defumação com seis folhas de louro secas, seis cravos-da-índia, seis caroços de romã, canela, açúcar mascavo e seis punhados de milho de galinha.)

Torre 600 gramas de milho de galinha para passar em seu corpo. Vá até uma praça e passe esse milho torrado em todo seu corpo, embaixo de uma árvore frondosa às 5 horas da manhã; chame por Osòóssi gritando "OKÈ ODÉ", pedindo caminhos abertos.

Em sua casa, misture as folhas frescas de abre-caminho e levante, quinando para fazer um banho fresco.

Após a medicina, faça uma defumação da entrada da casa para dentro, com seis punhados de milho de galinha, seis folhas de louro (seco), seis cravos-da-índia, seis caroços de romã, canela e açúcar mascavo. Peça prosperidade a Obará. Despache as cinzas da defumação na porta de um banco.

Medicina com Òdí-Esú Bawabo – riqueza

1 farofa de dendê

1 farofa de mel

4 folhas de mamona

Faça uma farofa de dendê e uma farofa de mel. Coloque cada uma das farofas em uma folha de mamona sem talo. Vá até uma praça, chame por Esú Bawabo e passe a folha com a farofa de dendê pelo lado esquerdo do corpo, pedindo riqueza, e a de mel pelo lado direito, pedindo prosperidade.

Medicina com Eji-Onile-Òsálá – saúde

Canjica

Açúcar cristal

1 terrina de louça branca

Algodão

1 vela de sete dias

O nome da pessoa que se encontra enferma

Cozinhe bem a canjica com açúcar cristal. Coloque em uma terrina de louça branca o nome do doente escrito a lápis num papel, e cubra com a canjica. Logo em seguida cubra tudo com o algodão. Ao lado, acenda uma vela de sete dias, pedindo saúde para a pessoa.

Medicina com Òsá-Egungun – ajuda

Pipoca

Flores brancas

9 velas brancas

1 banho fresco feito com ervas (saião)

Vá a um campo, passe a pipoca em seu corpo e faça uma cruz de pipocas no chão. Enfeite com flores brancas e acenda nove velas brancas. Quando chegar em casa, tome um banho fresco de saião da cabeça aos pés, sempre pedindo a ajuda de que necessita.

Medicina com Ofun-Òsàlá – Iyemanjá – acabar com brigas no casamento

Nome do casal escrito a lápis

1 tigela branca de louça

Camomila

Erva-doce

Açúcar cristal

Canjica

Coloque o nome do casal escrito a lápis num papel branco dentro de uma tigela branca, coberto com folhas de camomila e erva-doce.

Cubra com açúcar cristal e coloque canjica cozida por cima. Ofereça a Òsàlá e Iyemonjá pedindo paz para o casal.

Medicina com Oworin-Òyá – afastar maus espíritos

9 galhos de para-raios

Fitas coloridas

Pegue nove galhos de para-raios. Amarre com fitas coloridas e bata pelos cantos em todos os cômodos da casa, pedindo a Òyá para afastar os maus espíritos. Despache no mato.

Medicina com Eji-lasebora – Sàngó – prosperidade

12 quiabos

1 folha de papel vermelho

12 folhas de louro

12 moedas correntes

Açúcar cristal

Passe pelo corpo 12 quiabos e enrole numa folha de papel vermelho que também terá sido passado em seu corpo. Despache na porta de um banco, pedindo prosperidade a Sàngó. Quando voltar a sua residência, ferva 12 folhas de louro, açúcar cristal e 12 moedas correntes. Primeiro tome um banho de higiene e logo em seguida este banho pedindo prosperidade. Despache as moedas numa igreja.

Medicina com Oji-Olagban-Naná – evitar doenças

700 gramas de bofe bovino

700 gramas de feijão-preto

7 punhados de pipoca

7 velas

Na beira de uma lagoa, passe pelo corpo 700 gramas de bofe, 700 gramas de feijão-preto aferventado, sete punhados de pipoca e sete velas.

Ponha num saco de morim branco e enterre na beira da lagoa. Peça a Naná que enterre a doença de sua vida.

Medicina com Ika-Òsunmaré – amor

6 gemas

1 prato raso e branco

Folhas de mostarda

Fitas coloridas

1 quartinha de barro

Amasse seis gemas cozidas com um garfo, fazendo uma farinha. Arrume num prato raso branco e enfeite com folhas de mostarda. Faça uma trança de fitas e enrole em uma quartinha, imitando uma cobra. Ponha sobre a farofa e ofereça num rio a Òsúnmaré. Peça amor.

Medicina com ObeÒgúndá-Òsanyìn – afastar negatividade do lar

1 galho de peregun

Erva prata

Erva teteregun

Erva vence-demanda

1 vela

Com um galho de peregun, salpique pela casa sumo feito com erva prata, teteregun e vence-demanda. Despache no mato e acenda uma vela para Òsanyìn.

Medicina com Aláfia-Òbatalá – conseguir o que sempre sonhou

1 metro de morim branco

16 bolas de acaçá

16 bolas de inhame

1 pombo branco

Vá para o alto de um morro e forre o chão com morim branco (antes passe o morim pelo corpo). Passe também em seu corpo 16 bolas de acaçá e 16 bolas de inhame.

Passe um pombo branco pelo corpo e solte-o, pedindo a Òbatalá o que deseja e, de preferência, use roupas brancas.

Conclusão

De acordo com estudos deste livro, podemos avaliar as medicinas no geral como um ciclo de quatro dias. É um tempo para enfocar o desenvolvimento pessoal e espiritual utilizando de Ebó, cantigas, invocações, orações, danças e tudo aquilo que faça o elo ou ligação entre você e o mundo espiritual para dar o direcionamento necessário.

As medicinas são oferecidas ou feitas para Òrìṣà, Odú, Èégun, Ìyàmi ou outras divindades para diversas finalidades, sejam elas para apaziguar alguns problemas, sejam feitas em forma de agradecimento de alguma graça alcançada, por atingir algum objetivo ou simplesmente como forma de agradar as divindades que ora estão sendo cultuadas. O princípio do Candomblé se baseia no Ebó, já no culto aos Òrìṣà as medicinas nas oferendas proporcionam a redistribuição do aṣé, mantendo seu equilíbrio vital.

Existe uma hierarquia para que o Òrìṣà tome conhecimento da sua necessidade, havendo um ritual específico, pois toda medicina (Ebó) a ser ofertada tem um papel de servir de interligação entre nós e as divindades do céu (Òrun). Sem a aceitação dessas medicinas ou Ebó, o Òrìṣà ao qual estamos ofertando não saberá da sua existência ou necessidade, fazendo com que nada aconteça em sua vida.

Gostaríamos de salientar que, ao fazermos medicinas, Ebó ou oferendas, se faz necessária a orientação de pessoas que saibam realmente o que estão fazendo, para que os rituais sejam proveitosos e bem aceitos, pois a pessoa deverá ter conhecimento de causa e ser conhecedora e manipuladora do aṣé necessário para cada ato.

Dessa maneira, trará resultados para um bom desenvolvimento da humanidade na Terra, e isso é que nos diferencia na espiritualidade. Buscamos para nosso conhecimento, desenvolvimento e crescimento espiritual alcançar um plano onde nosso corpo poderá até padecer, mas nosso espírito será imortal e eterno. E a nossa alma, por estar unida ao pensamento como veículo etéreo ou celeste, é imortal também, pois somos uma única matéria unindo espírito, alma e corpo.

Buscamos com essas informações trazer o conhecimento e aprendizado por meio de informações reais com base em muitos estudos, para fazer com que cada um aprenda a compreender o mundo que o cerca dentro da espiritualidade, por meio de uma medicina conceituada e que, se bem entendida, trará grandes resultados às pessoas que tiveram a iniciativa de utilizar as informações aqui passadas.

Deixamos claro que a medicina não se limita apenas em fazer o essencial, mas sim definir como ser utilizada para que o resultado seja positivo e favorável a quem estiver utilizando de maneira correta e objetiva, a fim de se fazer realizar a cura espiritual.

A ideia de ensinar a medicina neste contexto não é apenas para ser utilizada a favor de si mesmo, mas sim usar em favor das outras pessoas que necessitam de ajuda e sentem a necessidade de conhecimentos espirituais. Nos dias atuais, percebemos que muitas pessoas não querem aprender e muito menos ensinar; portanto, dessa maneira, conseguimos agrupar informações suficientes para ajudar de maneira simples e correta a todos aqueles que tiverem sede de conhecimento.

Devemos contribuir para o desenvolvimento como um todo, trazendo conhecimento do espírito e desenvolvendo a sensibilidade. Entendemos que todas as pessoas devem passar por um processo de aprendizado, complementando a necessidade da educação espiritual para trabalhar com reponsabilidade a sua fé.

O nosso intuito é apresentar a todos de maneira diferente uma visão ampla de nossas raízes e culturas, mostrando da forma primitiva até a mais evolutiva. Assim podemos ver que muitas coisas não mudaram, apenas foram aprimoradas com o passar do tempo, trazendo a evolução dos conhecimentos.

Portanto, esperamos que todos os leitores aproveitem minunciosamente de todo este conhecimento em suas vidas, adquirindo a evolução espiritual necessária para ter uma boa passagem pelo Àyé, pois a nossa Mãe Terra tem tudo aquilo de que necessitamos para uma boa vida, dando-nos saúde por meio das plantas e raízes medicinais.

Temos a certeza de que todo conteúdo ensinado aqui será de grande valia no seu dia a dia, pois já foram utilizados e trouxeram resultados satisfatórios na vida de quem os praticou.

Apreciem cada palavra aqui mencionada, pois este livro foi escrito com intuito de ajudar a todos aqueles que buscam mais conhecimentos ou deles necessitam.

Sobre o Autor

Marcelo Alban começou a desenvolver a espiritualidade dele desde a infância. Nasceu em um berço espiritualista, onde foi caminhando nos estudos e aprofundado-se na história das religiões e da alta magia.

Aos 8 anos inicia a vida espiritual dele na Tradição dos Nove Elos da Luz, interessando-se cada dia mais pelo lado espiritual. Em 1998, começa a atender com aconselhamento espiritual, utilizando o tarô, búzios e outras técnicas que foi aprendendo e desenvolvendo ao longo do caminho.

Iniciou-se no culto e recebeu o nome de Bàbáòlorisá Marcelo T' Òsògíyàn e, sabendo das dificuldades de seguir um culto, de superar a discriminação, as lendas e o preconceito, engajou-se em 2004 em movimentos de diálogo inter-religioso, participando ativamente de fóruns, palestras, entre outros. É Conselheiro Fiscal do Órgão Federativo e Regulamentar dos Cultos Afro-Brasileiros. Marcelo procura levar às pessoas a livre expressão da religião afro-brasileira, como o Candomblé. Como Bàbáòlorisá, pela Òdúlogia, ajuda as pessoas a encontrarem o seu caminho espiritual. Sua Casa de Asé está pronta para acolher aqueles que precisam e que querem aprender mais sobre os cultos afros.

Membro em algumas Federações:

Marcelo Alban é Comendador Africanista de várias federações, foi Delegado regional da SOUESP, também membro do templo Ejiogbe

Oba Ifa Aniyin Ope Villa Nigéria e faz parte de algumas coordenações políticas.

Cooperador do *Jornal de Umbanda Brasil*:

Ifapoundá Asèfín Fàsolá Marcelo Alban:

Àwó Marcelo Alban é Consultor na Área Espiritual, Ocultista, Esotérico e Holístico; Bàbáòlorisá; Òdúlogia (Geomancia Africana); Mestre em Alta Magia; Aconselhamento Afetivo e Meta-espiritual; Terapias energéticas (Medicina Africana e Sumeriana); Juremeiro (pesquisador e estudioso sobre a Antropologia Indígena) e Sacerdote de Ifá.

Ministra cursos de Òdúlogia – Cosmologia Africana; Erindilogun por òbanikàn T Òsetéturá (Odú); Medicina Africana; Magiosofia; Magia da aliança Divina; realiza também *workshop*, palestras, vivências e atendimentos, consultorias diversas, utilizando para isso seus diversos conhecimentos.

Por meio de suas pesquisas e estudos há mais de vinte e sete anos, busca orientar e direcionar aqueles que estejam interessados em mudar sua rota e vida.

Em seu *curriculum* e certificações de cursos diferenciados: Consulta de Caboclo, Jogo de Chamalongo, Oráculo de kimbanda, Brujeria Cubana, Àwòró do culto Isèsé Àgbayé, entre outros ligados a magia, oráculos, etc.

Também é comunicador e participa de vários programas em *web* TV, rádio, televisão, *sites*, *blogs*, revistas e jornais. Num conjunto de conhecimentos vem atendendo e auxiliando a vida de diversas pessoas há mais de 20 anos.

Citamos aqui algumas de suas participações na mídia:

– TV Mundi – <www.tvmundi.com.br>

– TV Orkut – TV Facebook – Canal 21 net SP

– Youtube – Programa Raízes do Culto

Rádio web:

– Toques de Aruanda

– Rádio Raízes do Culto

– Rádio Cresça

– Radio Axé Brasil

Rádio FM:

– Programa com Eli Correia na Rádio Capital

– Programa com Cintia na Rádio Capital

– Programa com Elídio Correia na Rádio Nova Mix

– Programa com Orlando Santos na Locomotiva FM

Participação em Encontros, Congressos, Eventos, Festas:

– Mystic Fair – SP/– Convenção de Magos e Bruxas/– Paranapiacaba – SP

– Unilux – Templo Espírita Cigana do Brás

Viagens Internacionais:

Iniciações no Paraguai, Argentina e Europa.

<www.tvmundi.com.br>

<tvmundi.com. br>

Equipe Anjos Bellus

Quando você conhecer a Equipe Anjos Bellus, será como amor à primeira vista. Terá aquela impressão como se estivesse conhecendo uma pessoa com quem tem a intenção de se relacionar, aquele amigo do coração. Logo surge aquela curiosidade, a vontade de ir fundo. Várias perguntas para descobrir a história e os objetivos em que você acredita, não é mesmo?

Venha nos fazer uma visita, conhecer Marcelo Alban e sua grande família espiritual; assim você vai querer saber mais sobre Òrìṣà, Èrindilógun, Jurema Sagrada, Culto e Magia dos Ciganos, Alta Magia e a famosa Òdúlogia.

Como nasceu tudo isso?

O Núcleo de Estudos Anjos Bellus nasceu a pedido do plano espiritual, vendo a demanda de pessoas em busca de um lugar onde pudessem estudar e buscar conhecimento e equilíbrio espiritual, emocional, físico e mental.

Além disso, existiu a necessidade de resgatar antigas raízes, partindo da busca de aprimorar conhecimentos quanto à origem de nossa herança cultural e norteados pela influência dos povos africanos iorubás, tratando-se do ensino da história e cultura afro-brasileira. Nosso objetivo é realizar estudos sobre as tradições e culturas afro-brasileiras, proporcionando aos estudantes resgatar e construir conhecimentos acerca da nossa diversidade cultural, da história de luta dos negros e da cultura afro-brasileira, por meio de pesquisas e estudos que despertem a sensibilidade e a aceitação da identidade cultural do nosso povo. Buscamos desenvolver ações transformadoras, projetando o respeito como prática fundamental e essencial para mudar as pessoas e, consequentemente, a sociedade, resgatando as raízes culturais, fundamentais para a formação da identidade de um povo, e contribuindo assim para o processo de desconstrução do racismo.

E, ainda, mostrar o valor de outras culturas como a Jurema Sagrada, Povo Cigano e a Alta Magia.

Assim vamos lapidando a espiritualidade no seu plano mais puro, cultuando as Raízes da Grande Mãe Asabath e de seus mensageiros, e também equilibrando o nosso lado mais promissor. Com o desenvolvimento espiritual podemos agregar os fundamentos necessários ao que fazemos, para uma rica e vasta evolução. Mas não existe fórmula específica nem mágica, cada pessoa possui seus próprios procedimentos, em conhecimento e aceitação, e nós estamos aqui para ajudar você a encontrar este caminho, seja qual for.

Glossário

Ààbikú = Criança que nasce para morrer

Áasá = Elemento

Abará = Prato servido também na culinária baiana

Abìlù = Maldades

Abìlù = Maléficos

Abogun = Ogan que cultua Ògún

Aboró = Órisá masculino usado no Candomblé

Adabi = Bater para nascer é seu significado.

Adarrum = Ritmo invocatório de todos os Òrìṣà.

Ades = Coroa

Adosu = Pessoa iniciada de Òrìṣà

Adúrà = Rezas de invocações

Àgbonnìrègún = Nome que elogia Òrúnmilá

Agô = Licença

Agôgô = Instrumento de percussão

Agogô = Licença

Aguere = Em yorubá significa "lentidão"

Aguidavis = Varas usadas para tocar

Aizã = Vodunci que cuida da terra

Ajé = Riqueza

Ajibona = Mãe Criadeira

Ajimuda, Agba e Igèna = Mulher responsável pelo culto ancestral

Ajogún = Inimigo espiritual

Akirijebó = Pessoas que frequentam várias casas e não se fixam em nenhuma

Akose = Magia para bem

Akpakpo = corpo invisível

Akukoidie Itanàn = Pena usada para magias

Alafia = Odú do jogo de búzios

Alagbé = Responsável pelos toques, rituais, alimentação, conservação e preservação dos Ilús

Alagbê = Tocador de atabaques

Alagbede = Pessoa que trabalha no ramo de ferro e metais e forja as ferramentas do aṣé

Alaká = Roupa de cargo

Alaketo = Cidade da Nigéria

Alubasá = Cebola

Alugbin = Ogan de Osolufan e Osoguiã que toca o Ilú dedicado a Osálà

Alujá = Significa orifício ou perfuração

Amalá = Comida do Òrìṣà Sangó

Apeja = Cargo esquecido no Brasil por não haver sacrifícios de cães selvagens como na África

Apokan = Ligado ao ilê de Òmólu

Ara = Corpo

Aṣé = Assim seja

Àsèsè = Ritual realizado nas casas de aṣé para despedida (desvinculação pós-morte) de um membro do aṣé.

Asó = Roupa

Asogún = Responsável direto pelo início e fim dos sacrifícios

Àsógun = Responsável pelo culto de Ògún

Ataré = Pimenta-da-costa

Àwó Ifá = Pessoa iniciado no Ifá

Axó = Saia

Axoxó – Comida do Òrìṣà Osòóssi

Àyé = Terra

Ayirá = Òrìṣà do fogo na cultura brasileira

Bábàkèkerè = Pai pequeno da casa

Babalàsé = Pai que zela pela casa

Babalossaiyn = Sacerdote preparado para conhecer todas as folhas e o culto a Òsaniyìn

Bàbáòlorisá = Pai que guarda o segredo do Òrìṣà

Babás = Pais

Balodè = Ogan de Odé

Balógun = Título ligado ao Ilê de Ògún

Bara Logí = Qualidade de Esú

Bata = Significa tambor para culto de Egun e Sangô

Bravum = Dedicado a Osunmaré. Ritmo marcado por golpes fortes do Run

Camisú = Camisa

Caruru = Prato servido também na culinária baiana

Dandá = Fava usada para proteção

Deburu = Pipoca

Dilògún = Uso nos ritos, preceitos e no aṣé.

Ebó = Qualquer tipo de oferenda para Òrìṣà

Ebó Etùtú = Oferenda para apaziguação

Eborá = Força caótica

Èégún = Ancestrais negativos

Èfún = Pó branco

Egbé = Sociedade espiritual

Egbomi = Filho que possui 7 anos de iniciado

Egúm = Ancestral divinizado

Ejé = Sangue

Ejilasebora = Odú do jogo de búzios

Eji-Oko = Odú que fala ere, ogum

Eji-Onile = Odú do jogo de búzios

Ekejí = Auxilia a todos e, na ausência das outras Ojoyé, ela assume.

Ekejí = o Ipo (cargo), depois vem o Oyé específico das condições de cada uma

Ekodidé = Pena do papagaio

Ekuru = Comida feita à base de feijão

Eledá = Origem da cabeça

Èlekédilogun = Fio de conta com várias pernas

Elemaso (Elémòsó) = Oyé referente a casa de Osálà; é um título do próprio Òrìṣà

Eleremojú = Senhor que representa o aṣé

Èmeré = Criança que nasce e não morre

Emi = Espírito

Èpè = Maldições

Eperin ou Ypery = Posto dado aos filhos do orisá Osóòsi

Epò = Dendê

Erindilogun = Jogo de búzios

Esú = Orixá administrador da força

Esú = Òrìṣà que administra as oferendas

Esú Bara = Eṣú que está dentro do corpo

Eṣu Iangui = Pedra primordial

Esú Looko = Entidade de afrodescente

Esú mojugbá = Eṣu me dá licença

Esú o jíré ó = Eṣú, você amanheceu bem?

Esú Oná = Eṣu Guardião das casas de Òrìṣà

Èsúnmaré = Òrìṣà do culto de jeje que domina as cobras

Etá-Ògundà = Odú do Òrìṣà Omolu

Etú = Angola

Etùtú = Fresco

Fanuwiwa = Nome próprio

Fava de Aridan = Fava usada para proteção

Filá ou ékété = Chapéu ou boina

Fon ñõnu = ñõ-nu = coisa boa/a mulher = coisa boa

Fúnfún = Branco

Gymu = Oyé de ogan/ekeji de Òmolú cuida de tudo que se relaciona a Òmólu, Nàná e Òsanyìn

Huntó ou Runtó = Ritmo de origem Fon executado para Òsunmaré. Pode ser executado com cânticos para Ọbaluwayè e Sàngó

Ibós = Instrumento de adivinhação

Idàábobo = Benéficos

Idosu = Magia que usa no centro da cabeça

Ifá = Espírito divino

Ifa Di-Meji = Nome do Odú em terras daome

Igba = Cuia

Igbin = Significa caracol. Execução lenta com batidas fortes.

Igí-Ògòrò = Árvore de origem africana

Ijesa = Ritmo cadenciado tocado só com as mãos

Ijó = Igreja

Ika = Odú do jogo de búzios

Ikán = Contra-egun. Esta palavra quer dizer afastar o mal

Ikin Ifá = Caroços de dendê

Iko = Poder

Ikú = Morte

Ilé = Casa

Ilu = Termo da língua yorubá que também significa atabaque ou tambor

Ilús = Atabaques de origem africana

Ipade = Reunião

Irúnmolè = Divindades que moram no céu

Isèsé lagbá = Culto tradicional de Òrìṣà

Isòlè = Magia do dinheiro fácil

Itón = Histórias

Iwin Dunse = Ligado ao Ilê de Ósàlá

Ìyá Efun = Cuida não só das pinturas dos Ìyáwó

Ìyá Egbe = Mãe da comunidade

Ìya Kèkerè = Mãe pequena da casa

Ìyabá Ewe = Responsável em determinados atos e obrigações, deve encantar as folhas

Ìyádagan = Auxiliar direta da Ìyàmorò, Oye dado aos 7 anos também

Ìyágbase = *Ìyá* = mãe, *se* = Que cozinha

Ìyàlabaké = Responsável pela alimentação do iniciado, enquanto o mesmo se encontrar de obrigação

Ìyálàsé = Mãe que cuida do Aṣé

Iyàlaso = Cuida das roupas dos Òrìṣà

Ìyále = Mãe da casa, auxiliar direta da Ìyálòrisà e Ìyà Kekere

Ìyàmi = Grande mãe

Iyami Osorongá = Grande mãe feiticeira

Ìyàmorò = Responsável pelo Ipadê de Esú

Iyáòlorisá = Mãe que guarda o segredo do Òrìṣà

Ìyárobá = Mulher do rei, responsável pelas coisas do Òrìṣà dono do Aṣé.

Iyás = Mães

Ìyátebese = Responsável pelas cantigas, rezas, encantamentos; é a solista do Ilê

Iyáwò = Esposá do Òrìṣà

Iyemanjá = Òrìṣà das águas

Jogo de Quimbanda = Jogo usado para conversar com Exu e Pombagira

Kan = Bucha

Kannesi = Apelido do Odú osá

Kaweó = Ligado a tudo que se refere a Òsanyìn

Kò Ba laroyé = Não me pegue, senhor da rua

Korin –Ewe = O seu significado é Canção das Folhas

Laroyé Esú = Saudação de Esú

Lõfin = Nome próprio

Mariwó = Árvore que faz roupas para vários Òrìṣà

Merindilogun Ifá = Jogo de búzios.

Mi-Ami-Mi Màrayó = Farofa de mel

Mi-Ami-Mi Òmin = Farofa de água

Mi-Ami-Mi Òtí = Farofa de pinga

Mi-Ami-Mi Pupá = Farofa de dendê

Nàná = Òrìṣà da existência

"Ñõ nu, bo nu kpo nu me de" = Um homem depois de morto não pode querer ocupar uma mulher

Oba Odofin = Ligado ao Ilê de Osálà, normalmente filhos de Sàngó

Ọbalúwayè = Òrìṣà rei da terra

Òbanikàn = Metodologia de jogo de búzios

Obará = Odú de odé

Òbatalá = Òrìṣà rei dos orisá

Obeogundá = Odú do jogo de búzios

Obi = Fruto usado em todo o culto

Ode Orun = Céu visível

Odi = Odú do jogo de búzios

Odí = Quarto Odú de Ifá no opele

Òdú = Signo de Ifá

Odú Òsá = Décimo Odú de ifá

Odú Òtúràrété = Junção do Odú otura mais irete de Ifá

Òduduwá = Orixá fundador de Ile Ifé

Òdúlogia = Ciência que estuda o carma pela data de nascimento

Òfó = Força da palavra

Òfós = Palavras de poder

Ofun = Odú do jogo de búzios

Ogan/Ogá = Protetores civis do terreiro

Ogbe Meji = Primeiro Odú de ifá

Ogòtun = Ligado ao Ilê Òsún e todas as obrigações de Òsún

Oguele = Ritmo atribuído a Obá. Executado com cânticos para Ewá

Ògún = Òrìşà da tecnologia e guerra

Ògún Mejé = Qualidade de Ògún

Ojá = Pano que se amarra à cabeça

Ojiji = Sombra

Oji-Olagban = Odú do jogo de búzios

Ojoloyé = Denominação de cargo feminino

Ojoyé = Cargo feminino

Ojugbona = Babalaô que ajuda na iniciação de Ifá

Okaran = Odú que fala Esú

Okè Odé = Alto da montanha

Okuta = Pedras

Olobé = Responsável pelos Orós de Esú

Olodunmaré = Deus

Ologun = Cargo masculino, despacha os ebó das grandes obrigações

Òlokún = Senhora do mar

Olopondá = Grande responsabilidade na iniciação, no âmbito altamente secreto, pessoa de alta confiança da Ìyá/Babá

Òlorisá = Conhecedor do segredo do Òrìṣà

Òlosanyin = Médico do Òrìṣà

Oloyé = Denominação de cargo masculino

Òluòdó = Òrìṣà do olho da água, título de Nàná

Omi = Água

Omintoro = Água de canjica

Omo Odu = Filho do destino

Omolàra = Posto de confiança

Òmòlú = Filho da terra

Omolukun = Comida do Òrìṣà Osun

Òmookan = Fio de palha feito de palha-da-costa

Onã = Caminho

Òógun = Medicina

Opanije = Dedicado a Ọbalúwayé, Onile e Xapanã. Andamento lento marcado por batidas fortes do Run. Significa o que mata e come

Òràn = Problemas

Òrí = Cabeça

Orikí = Invocação

Òrìṣà = Guardião da cabeça

Òrò = Ritual

Orobó = Semente usada para ritual ao Òrìṣà Sàngó

Orun = Céu

Òrun = Céu

Òrúnmìlá = Senhor do destino

Osá = Odú do jogo de búzios

Osálà = Òrìṣà da grandeza

Òsanyìn = Òrìṣà das medicinas e folhas

Osé = Odú Osun

Òsé Àwuré = Prosperidade

Òsé Iferán = Amor

Òsé Itajá = Vendas

Osetura = Décimo sétimo no jogo de búzios

Osi = Direita

Osi Alagbé = Mão esquerda do tocador de atabaques

Osi-Dagan = Mulher que ajuda no culto de egungun

Osóòsi = Companheira de Ogun

Òsún = Òrìṣà das águas

Òsunmaré = Òrìṣà feminino do culto das cobras

Osupá = Lua

Oti-Oloje = Bebida branca

Otun = Esquerda

Otun Alagbe = Mão direita do tocador de atabaques

Otun-Dagan = Mulher que cuida de egungun

Owaji = Pó azul

Owají = Pó azul

Oworin = Odú do jogo de búzios

Òyá = Òrìṣà dos ventos

Oyé = Cargo

Pejigan = Zelador do Peji e responsável pelo Ilê Òrìṣà. Posto da etnia Ketu

Pombagira = Entidade brasileira

Rum = Dar caminho ao Òrìṣà

Runtó = Nome usado no jeje para filho da casa

Sàngó = Òrìṣà do raio

Sarapegbe = Quem transmite as decisões da comunidade.

Sató = Significa a manifestação de algo sagrado

Singuê = Espécie de faixa amarrada nos seios que substitui o sutiã

Tonibobé = Pedir e adorar com justiça é o seu significado

Unjilá = Entidade banto

Xequerê = Cabaça que se usa para fazer ritual

Xicarangoma = Resina para usar na roupa

Xirê/Siré Òrìṣà = Brincar com Òrìṣà

Yèwá = Òrìṣà das águas claras

Yorosun = Pó usado para riscar Odú

Bibliografia

Site:

<https://bibliaapp.com.br/versiculo/i-macabeus/9-39>.

Artigos e livros de estudo e pesquisa:

PIRES, Nelson. *Jogo de Búzios e o Culto a Ifá*. São Paulo: Madras Editora.

PHILIP, M. P. "The Power of Words in African Verbal Arts", *in*: *Journal of American Folklore*.

PRINCE, R. *Curse, Invocation and Mental Health among the Yorùbá*. Canadian Psychiatric.

_____. *The Yorùbá Image of the Witch*. Journal of Mental Science, Prince, R., "Indigenous Yorùbá Psychiatry", *In*: Magic, Faith and Healing. (ed.) A. Kiev. New York: Free Press.

_____. *Symbols and Psychotherapy: the Example of Yorùbá Sacrificial Ritual*. In: African Therapeutic Systems, (ed.) Z.A. Adémúwàgún, (et al) Waltham, MA: Crossroads Press.

RIQUELME, J. P. *The Ambivalence Reading*. DIACRITICS, A Review of Contemporary Criticism.

ROBERTS, A. F. *Chance Encounters, Ironic Collage,* In: African Arts, 25, 2Schechner, R., Performance Theory, New York and London.

SCHULER, M. K. *Legal Literacy: A Tool for Women's Empowerment.* New York: *In*: Alfabetização jurídica: uma ferramenta para o empoderamento das mulheres, editado por Alfabetização jurídica: uma ferramenta para o empoderamento das mulheres, editado por Margaret Schuer e Sakuntala Kadirgama-Rajasingham. Nova York, Fundo das Nações Unidas para o Desenvolvimento da Mulher [UNIFEM], 1993. 21-69.

SHEBA, J. O. Ìfojú Èrò Ìsègbèfábo Sàtúpalè Isé Àwon Àsàyàn Ònkòwékùnrin Yorùbá. Ph.D. Thesis, Department of African Languages and Literatures, Faculty of Arts, Obáfémi Awolowo.

SIMPSON, E. G. *Yoruba Religion and Medicine in Ibadan.* Ibadan: University Press.

SPRAUGUE, S. F. *Yorùbá Photograph: How the Yorùbá See Themselves.* African Arts.

THOMPSON, R. F., *Àbátan: Masters Potter of the Ègbádò Yorùba. In*: Daniel Biebuyck. Endereço: Universität Bayreuth Institut für Afrikastudien & Kulturwissenschaftliches Forschungskolleg (SFB/FK 560) D-95440 Bayreuth Telefon: 0921/55-2088/Fax: 0921/55-2085.